학습계획표

매일매일 공부하는 습관이 중요합니다.
쏙셈 학습 계획표를 활용하여 계산 실력을 체크해 보세요.

교과서	학습 내용	계획일		학습일		맞힌 개수	확인 체크	
❶ 1보다 작은 (자연수)÷(자연수)의 몫을 분수로 나타내기 (1)		월	일	월	일	/30	☐	
❷ 1보다 작은 (자연수)÷(자연수)의 몫을 분수로 나타내기 (2)		월	일	월	일	/30	☐	
❸ 1보다 큰 (자연수)÷(자연수)의 몫을 분수로 나타내기 (1)		월	일	월	일	/30	☐	1주
❹ 1보다 큰 (자연수)÷(자연수)의 몫을 분수로 나타내기 (2)		월	일	월	일	/30	☐	
❺ (분수)÷(자연수) 알아보기		월	일	월	일	/30	☐	
❻ (진분수)÷(자연수) (1)		월	일	월	일	/46	☐	
❼ (진분수)÷(자연수) (2)		월	일	월	일	/46	☐	
❽ (진분수)÷(자연수) (3)		월	일	월	일	/47	☐	2주
❾ (가분수)÷(자연수) (1)		월	일	월	일	/46	☐	
❿ (가분수)÷(자연수) (2)		월	일	월	일	/44	☐	
⓫ (가분수)÷(자연수) (3)		월	일	월	일	/48	☐	
⓬ (대분수)÷(자연수) (1)		월	일	월	일	/46	☐	
⓭ (대분수)÷(자연수) (2)		월	일	월	일	/46	☐	3주
⓮ (대분수)÷(자연수) (3)		월	일	월	일	/48	☐	
⓯ 분수와 자연수의 혼합 계산 (1)		월	일	월	일	/34	☐	
⓰ 분수와 자연수의 혼합 계산 (2)		월	일	월	일	/34	☐	
단원 마무리 연산		월	일	월	일	/52	☐	
❶ 자연수의 나눗셈을 이용하여 (소수)÷(자연수) 알아보기		월	일	월	일	/24	☐	4주

분수의
나눗셈

쏙셈  ~ 12권 구성 한눈에 보기

쏙셈은 교과서 모든 영역별 계산 문제를 학교 수업 차시에 맞춰 한 학기를
한 권으로 끝낼 수 있도록 구성하였습니다.

1권 초등 1-1

교과서	학습 내용
9까지의 수	9까지의 수
	9까지 수의 크기 비교
덧셈과 뺄셈	9까지의 수 모으기와 가르기
	합이 9까지인 수의 덧셈
	한 자리 수의 뺄셈
50까지의 수	50까지의 수
	19까지의 수 모으기와 가르기
	50까지 수의 크기 비교

2권 초등 1-2

교과서	학습 내용
100까지의 수	100까지의 수
	100까지 수의 크기 비교
덧셈과 뺄셈	(두 자리 수)＋(한 자리 수)
	(두 자리 수)＋(두 자리 수)
	(두 자리 수)－(한 자리 수)
	(두 자리 수)－(두 자리 수)
세 수의 덧셈과 뺄셈	세 수의 덧셈
	세 수의 뺄셈
	10을 만들어 더하기
덧셈구구와 뺄셈구구	(몇)＋(몇)＝(십몇)
	(십몇)－(몇)＝(몇)

3권 초등 2-1

교과서	학습 내용
세 자리 수	세 자리 수
덧셈과 뺄셈	(두 자리 수)＋(한 자리 수)
	(두 자리 수)＋(두 자리 수)
	(두 자리 수)－(한 자리 수)
	(두 자리 수)－(두 자리 수)
	덧셈과 뺄셈의 관계
	세 수의 계산
곱셈	곱셈식

4권 초등 2-2

교과서	학습 내용
네 자리 수	네 자리 수
곱셈구구	2~9의 단 곱셈구구
	1의 단 곱셈구구, 0의 곱
	곱셈표
길이 재기	길이의 합
	길이의 차
시각과 시간	시간 알아보기
	달력 알아보기

5권 초등 3-1

교과서	학습 내용
덧셈과 뺄셈	(세 자리 수)＋(세 자리 수)
	(세 자리 수)－(세 자리 수)
나눗셈	곱셈과 나눗셈의 관계
	곱셈구구로 나눗셈의 몫 구하기
곱셈	(두 자리 수)×(한 자리 수)
길이와 시간	시간의 합과 차

6권 초등 3-2

교과서	학습 내용
곱셈	(세 자리 수)×(한 자리 수)
	(한 자리 수)×(두 자리 수)
	(두 자리 수)×(두 자리 수)
나눗셈	(몇십)÷(몇) / (몇십몇)÷(몇)
	(세 자리 수)÷(한 자리 수)
분수	분수만큼은 얼마인지 알아보기
	분수의 크기 비교
들이와 무게	들이의 합과 차

무게의 합과 차

7권 초등 4-1

교과서	학습 내용
큰 수	다섯 자리 수
	십만, 백만, 천만
	억, 조
각도	각도의 합
	각도의 차
	삼각형의 세 각의 크기의 합
	사각형의 네 각의 크기의 합
곱셈과 나눗셈	(세 자리 수) × (두 자리 수)
	(두 자리 수) ÷ (두 자리 수)
	(세 자리 수) ÷ (두 자리 수)

8권 초등 4-2

교과서	학습 내용
분수의 덧셈과 뺄셈	진분수의 합과 차
	대분수의 합과 차
	(자연수) − (분수)
소수의 덧셈과 뺄셈	소수의 덧셈
	소수의 뺄셈
	세 소수의 계산
삼각형~사각형	삼각형에서 각도 구하기
	수선에서 각도 구하기
	평행사변형과 마름모에서 각도 구하기

9권 초등 5-1

교과서	학습 내용
자연수의 혼합 계산	덧셈과 뺄셈, 곱셈과 나눗셈이 섞여 있는 식
	덧셈, 뺄셈, 곱셈, 나눗셈이 섞여 있는 식
약수와 배수	약수, 배수
	최대공약수, 최소공배수
약분과 통분	약분, 통분
분수의 덧셈과 뺄셈	분모가 다른 분수의 덧셈
	분모가 다른 분수의 뺄셈
다각형의 둘레와 넓이	정다각형, 사각형의 둘레
	직사각형의 넓이
	평행사변형, 삼각형, 마름모, 사다리꼴의 넓이

10권 초등 5-2

교과서	학습 내용
수의 범위와 어림하기	이상, 이하, 초과, 미만
	올림, 버림, 반올림
분수의 곱셈	(분수) × (자연수)
	(자연수) × (분수)
	(분수) × (분수)
소수의 곱셈	(소수) × (자연수)
	(자연수) × (소수)
	(소수) × (소수)
평균과 가능성	평균 구하기

11권 초등 6-1

교과서	학습 내용
분수의 나눗셈	(자연수) ÷ (자연수)의 몫을 분수로 나타내기
	(분수) ÷ (자연수)
소수의 나눗셈	(소수) ÷ (자연수)
	(자연수) ÷ (자연수)
비와 비율	비, 비율
	백분율
직육면체의 겉넓이와 부피	직육면체, 정육면체의 겉넓이
	직육면체, 정육면체의 부피

12권 초등 6-2

교과서	학습 내용
분수의 나눗셈	(진분수) ÷ (진분수)
	(자연수) ÷ (분수)
	(대분수) ÷ (대분수)
소수의 나눗셈	(소수) ÷ (소수)
	(자연수) ÷ (소수)
	몫을 반올림하여 나타내기
비례식과 비례배분	비의 성질, 비례식의 성질
	비례배분
원의 넓이	지름, 반지름, 원주
	원의 넓이

*2015개정 교육과정이 2017학년도부터 학년별로 순차적으로 적용됩니다

활용 지도법

엄마쌤을 위한 쏙셈

① 아이의 학습 시간, 학습 능력에 따라 학습 계획표를 조절해 주세요.
② 「이렇게 지도하세요!」의 학습 방법 및 주의 사항을 참조하여 지도해 주세요.

교과서	학습 내용	이렇게 지도하세요!	표준 시간	지도 체크	
분수의 나눗셈	❶ 1보다 작은 (자연수)÷(자연수)의 몫을 분수로 나타내기 (1)	1÷(자연수)의 몫을 통해 (자연수)÷(자연수)의 몫을 분수로 나타내는 방법을 익히도록 연습시킵니다.	9분	☐	1주
	❷ 1보다 작은 (자연수)÷(자연수)의 몫을 분수로 나타내기 (2)		9분	☐	
	❸ 1보다 큰 (자연수)÷(자연수)의 몫을 분수로 나타내기 (1)	(자연수)÷(자연수)의 몫은 나누어지는 수를 분자, 나누는 수를 분모로 하는 분수로 나타낼 수 있음을 숙지시킵니다.	9분	☐	
	❹ 1보다 큰 (자연수)÷(자연수)의 몫을 분수로 나타내기 (2)		9분	☐	
	❺ (분수)÷(자연수) 알아보기	분자를 자연수로 나누어 계산할 수 있도록 지도합니다.	10분	☐	
	❻ (진분수)÷(자연수) (1)	분수의 나눗셈을 분수의 곱셈으로 바꾸어 계산해야 함을 반드시 숙지시킵니다.	16분	☐	2주
	❼ (진분수)÷(자연수) (2)		16분	☐	
	❽ (진분수)÷(자연수) (3)		18분	☐	
	❾ (가분수)÷(자연수) (1)	자연수를 $\frac{1}{(자연수)}$로 바꾼 다음 곱하여 계산하도록 연습시킵니다.	18분	☐	
	❿ (가분수)÷(자연수) (2)		17분	☐	
	⓫ (가분수)÷(자연수) (3)		19분	☐	3주
	⓬ (대분수)÷(자연수) (1)	대분수를 가분수로 바꾼 후 분수의 나눗셈을 분수의 곱셈으로 바꾸어 계산함을 설명합니다.	20분	☐	
	⓭ (대분수)÷(자연수) (2)		20분	☐	
	⓮ (대분수)÷(자연수) (3)		22분	☐	
	⓯ 분수와 자연수의 혼합 계산 (1)	대분수를 가분수로 바꾼 후 계산해야 함을 반드시 숙지시킵니다.	17분	☐	
	⓰ 분수와 자연수의 혼합 계산 (2)		17분	☐	
	단원 마무리 연산		22분	☐	
소수의 나눗셈	❶ 자연수의 나눗셈을 이용하여 (소수)÷(자연수) 알아보기	나누어지는 수가 $\frac{1}{10}$배, $\frac{1}{100}$배가 되면 몫도 $\frac{1}{10}$배, $\frac{1}{100}$배가 됨을 이용하도록 지도합니다.	8분	☐	4주
	❷ 몫이 소수 한 자리 수인 (소수)÷(자연수) (1)	세로로 계산할 때에는 소수점의 자리를 잘 맞추어 계산해야 합니다. 이때 몫의 소수점은 나누어지는 수의 소수점을 올려 찍어야 함을 반드시 숙지시킵니다.	10분	☐	
	❸ 몫이 소수 한 자리 수인 (소수)÷(자연수) (2)		11분	☐	
	❹ 몫이 소수 한 자리 수인 (소수)÷(자연수) (3)		13분	☐	
	❺ 몫이 소수 두 자리 수인 (소수)÷(자연수) (1)	몫의 소수점은 나누어지는 수의 소수점을 올려 찍어야 함을 반드시 숙지시킵니다.	13분	☐	5주
	❻ 몫이 소수 두 자리 수인 (소수)÷(자연수) (2)		15분	☐	
	❼ 몫이 소수 두 자리 수인 (소수)÷(자연수) (3)		15분	☐	
	❽ 몫이 1보다 작은 (소수)÷(자연수) (1)	몫의 자연수 자리에 0을 쓰고 소수점을 찍은 다음 자연수의 나눗셈과 같은 방법으로 계산하도록 지도합니다.	14분	☐	

엄마쌤을 위한 쏙셈

활용 지도법

① 아이의 학습 시간, 학습 능력에 따라 학습 계획표를 조절해 주세요.
② 「이렇게 지도하세요!」의 학습 방법 및 주의 사항을 참조하여 지도해 주세요.

교과서	학습 내용	이렇게 지도하세요!	표준 시간	지도 체크	
소수의 나눗셈	❾ 몫이 1보다 작은 (소수)÷(자연수) (2)	몫이 1보다 작으면 몫의 자연수 자리에 0을 쓰고 나누어지는 수의 소수점을 올려 찍은 다음 자연수의 나눗셈과 같은 방법으로 계산하도록 연습시킵니다.	14분	☐	6주
	❿ 몫이 1보다 작은 (소수)÷(자연수) (3)		15분	☐	
	⓫ 소수점 아래 0을 내려 계산해야 하는 (소수)÷(자연수) (1)	소수점 아래에서 나누어떨어지지 않는 경우 나누어지는 수의 오른쪽 끝자리에 0이 계속 있는 것으로 생각하고 0을 내려 계산하도록 연습시킵니다.	16분	☐	
	⓬ 소수점 아래 0을 내려 계산해야 하는 (소수)÷(자연수) (2)		16분	☐	
	⓭ 소수점 아래 0을 내려 계산해야 하는 (소수)÷(자연수) (3)		18분	☐	
	⓮ 몫의 소수 첫째 자리에 0이 있는 (소수)÷(자연수) (1)	받아내림을 하고 수가 작아 나누기를 계속할 수 없으면 몫에 0을 쓰고 수 하나를 더 내려 계산하고, 소수점 아래에서 나누어떨어지지 않는 경우 0을 내려 계산함을 숙지시킵니다.	16분	☐	7주
	⓯ 몫의 소수 첫째 자리에 0이 있는 (소수)÷(자연수) (2)		16분	☐	
	⓰ 몫의 소수 첫째 자리에 0이 있는 (소수)÷(자연수) (3)		17분	☐	
	⓱ (자연수)÷(자연수) (1)	세로로 계산할 때 나누어지는 수의 오른쪽 끝자리에 0이 계속 있는 것으로 생각하고 0을 내려 계산함을 반드시 숙지시킵니다.	13분	☐	
	⓲ (자연수)÷(자연수) (2)		13분	☐	
	⓳ (자연수)÷(자연수) (3)		16분	☐	8주
	단원 마무리 연산		23분	☐	
비와 비율	❶ 비 (1)	두 수를 비교할 때 비를 나타내는 방법과 읽는 방법을 설명합니다.	9분	☐	
	❷ 비 (2)		9분	☐	
	❸ 비율 (1)	비율의 뜻을 숙지시키고 비율을 분수 또는 소수로 나타낼 수 있게 연습시킵니다.	11분	☐	
	❹ 비율 (2)		11분	☐	
	❺ 비율을 백분율로 나타내기	백분율의 뜻을 숙지시키고 비율(분수 또는 소수)을 백분율로 나타낼 수 있게 연습시킵니다.	13분	☐	9주
	❻ 백분율을 비율로 나타내기	백분율을 비율(소수 또는 분수)로 나타낼 수 있게 연습시킵니다.	14분	☐	
	단원 마무리 연산		16분	☐	
직육면체의 겉넓이와 부피	❶ 직육면체의 겉넓이	직육면체는 합동인 면이 3쌍임을 이용하여 직육면체의 겉넓이를 구할 수 있음을 설명하고 직육면체의 겉넓이를 구하는 식을 숙지시킵니다.	13분	☐	
	❷ 정육면체의 겉넓이	정육면체는 여섯 면이 모두 합동임을 이용하여 정육면체의 겉넓이를 구할 수 있음을 설명하고 정육면체의 겉넓이를 구하는 식을 숙지시킵니다.	13분	☐	
	❸ 직육면체의 부피	가로, 세로, 높이로 직육면체의 부피를 구할 수 있음을 설명하고 직육면체의 부피를 구하는 식을 숙지시킵니다.	12분	☐	
	❹ 정육면체의 부피	한 모서리로 정육면체의 부피를 구할 수 있음을 설명하고 정육면체의 부피를 구하는 식을 숙지시킵니다.	12분	☐	10주
	❺ 부피의 큰 단위 m^3	$1\,cm^3$와 $1\,m^3$의 사이의 관계를 반드시 숙지시킨 후 부피를 m^3 단위로 구할 수 있음을 설명합니다.	13분	☐	
	단원 마무리 연산		16분	☐	

책상 앞에 붙여 놓고 다음과 같은 방법으로
은행나무를 키우세요.

① 하루 한 장 학습을 한 후 학습지의 1쪽 오른쪽
하단의 은행잎을 절취선을 따라 자릅니다.
② 잘라낸 은행잎을 학습한 주의 일차에 붙입니다.
③ 은행잎을 50장 다 붙이면 멋진 은행나무가 완성됩니다.

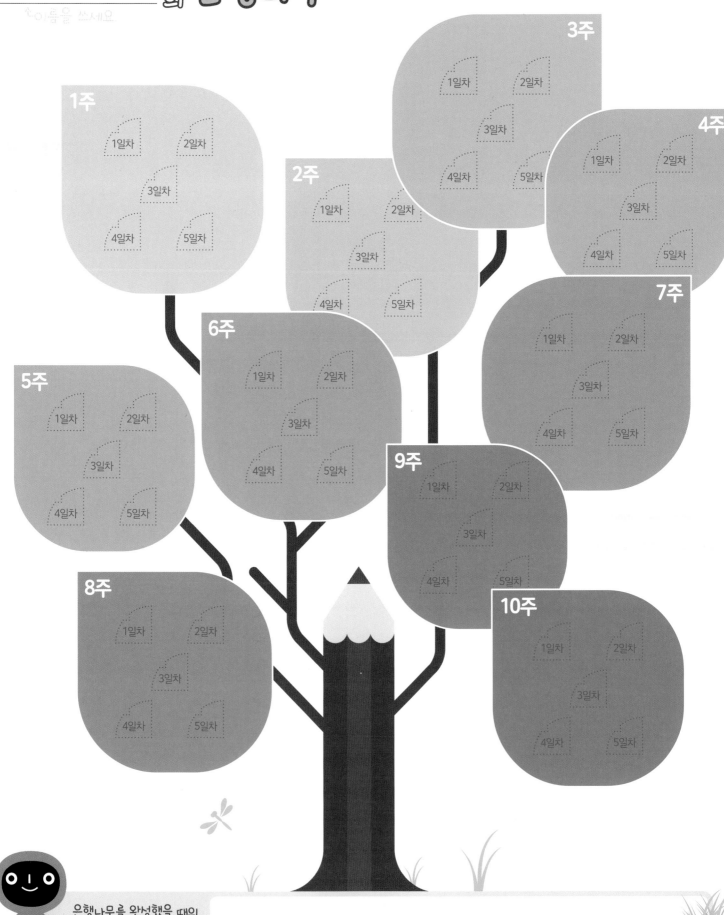

계산 실력으로 키우는 ___의 은행나무

아이름을 쓰세요

1주
1일차 2일차
3일차
4일차 5일차

2주
1일차 2일차
3일차
4일차 5일차

3주
1일차 2일차
3일차
4일차 5일차

4주
1일차 2일차
3일차
4일차 5일차

5주
1일차 2일차
3일차
4일차 5일차

6주
1일차 2일차
3일차
4일차 5일차

7주
1일차 2일차
3일차
4일차 5일차

8주
1일차 2일차
3일차
4일차 5일차

9주
1일차 2일차
3일차
4일차 5일차

10주
1일차 2일차
3일차
4일차 5일차

은행나무를 완성했을 때의
엄마와의 약속

교과서 분수의 나눗셈

1 1보다 작은 (자연수)÷(자연수)의 몫을 분수로 나타내기 (1)

공부한 날   월   일

✔ 1÷(자연수)의 몫은 1을 분자, 나누는 수를 분모로 하는 분수로 나타낼 수 있습니다.

✔ (자연수)÷(자연수)의 몫은 나누어지는 수를 분자, 나누는 수를 분모로 하는 분수로 나타낼 수 있습니다.

예 $1 \div 4 = \dfrac{1}{4}$ 예 $3 \div 7 = \dfrac{3}{7}$

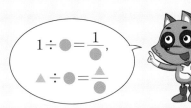

$1 \div \bullet = \dfrac{1}{\bullet}$,

$\blacktriangle \div \bullet = \dfrac{\blacktriangle}{\bullet}$

1~6 그림을 보고 □ 안에 알맞은 수를 써넣으시오.

1

$1 \div 5 = \dfrac{\square}{\square}$

4

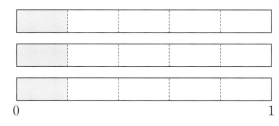

$3 \div 5 = \dfrac{\square}{\square}$

2

0 ————————————————— 1

$1 \div 9 = \dfrac{\square}{\square}$

5

0 ————————————————— 1

$2 \div 9 = \dfrac{\square}{\square}$

3

$1 \div 6 = \dfrac{\square}{\square}$

6

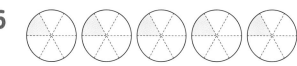

$5 \div 6 = \dfrac{\square}{\square}$

7~20 나눗셈의 몫을 분수로 나타내시오.

7 $1 \div 8$

8 $4 \div 5$

9 $7 \div 11$

10 $2 \div 14$

11 $5 \div 7$

12 $1 \div 10$

13 $2 \div 4$

14 $3 \div 15$

15 $1 \div 21$

16 $8 \div 9$

17 $5 \div 20$

18 $1 \div 7$

19 $6 \div 19$

20 $9 \div 12$

21~25 빈 곳에 알맞은 분수를 써넣으시오.

26~30 빈 곳에 작은 수를 큰 수로 나눈 몫을 분수로 써넣으시오.

21

1 | $\div 12$

26

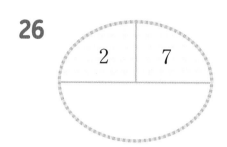

2 | 7

22

3 | $\div 8$

27

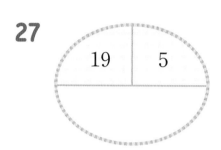

19 | 5

23

6 | $\div 23$

28

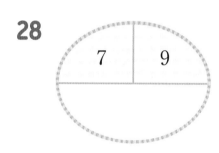

7 | 9

24

4 | $\div 16$

29

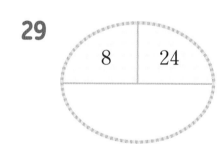

8 | 24

25

10 | $\div 25$

30

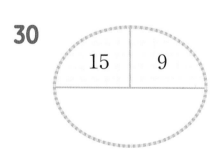

15 | 9

퍼즐 어떤 물고기를 키울까요?

4명의 학생들은 물고기를 키우고 있습니다. 몫을 분수로 나타낸 것을 찾아 선으로 이은 것이 각자 키우고 있는 물고기입니다. 알맞게 선으로 이어 보시오.

> 아름답고 성질이 온화해서 애완용으로 인기 있어.

> 지느러미가 길고 성장이 빨라.

> '니모를 찾아서'로 유명하지.

> 몸이 가늘고 길며 송사리와 닮았어.

$4 \div 11$

$11 \div 13$

$1 \div 13$

$4 \div 13$

$\dfrac{1}{13}$

$\dfrac{4}{11}$

$\dfrac{4}{13}$

$\dfrac{11}{13}$

클라운 피시

테트라

구피

에인절피시

교과서 분수의 나눗셈

2 1보다 작은 (자연수)÷(자연수)의 몫을 분수로 나타내기 (2)

공부한날   월   일

예 $1 \div 5 = \dfrac{1}{5}$

$2 \div 3 = \dfrac{2}{3}$

(자연수) ÷ (자연수)의 몫을 분수로 나타내면

$▲ \div ● = \dfrac{▲}{●}$ 이에요.

1~6 그림을 보고 □ 안에 알맞은 수를 써넣으시오.

1

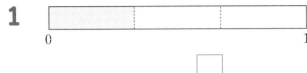

$1 \div 3 = \dfrac{\square}{\square}$

4

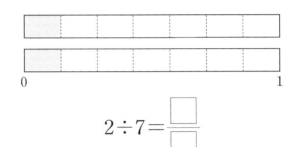

$2 \div 7 = \dfrac{\square}{\square}$

2

$1 \div 8 = \dfrac{\square}{\square}$

5

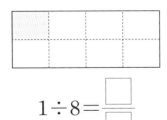

$3 \div 4 = \dfrac{\square}{\square}$

3

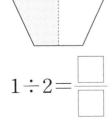

$1 \div 2 = \dfrac{\square}{\square}$

6

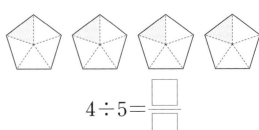

$4 \div 5 = \dfrac{\square}{\square}$

자르는 선 대로 자르세요

7 $1 \div 11$

14 $5 \div 9$

8 $5 \div 12$

15 $8 \div 13$

9 $3 \div 6$

16 $2 \div 10$

10 $12 \div 13$

17 $1 \div 25$

11 $7 \div 26$

18 $4 \div 14$

12 $5 \div 35$

19 $6 \div 16$

13 $1 \div 20$

20 $17 \div 18$

21

$3 \rightarrow \div 16 \rightarrow \square$

22

$9 \rightarrow \div 13 \rightarrow \square$

23

$1 \rightarrow \div 22 \rightarrow \square$

24

$12 \rightarrow \div 15 \rightarrow \square$

25

$8 \rightarrow \div 32 \rightarrow \square$

26

6
7

27

8
2

28

21
10

29

11
17

30

18
27

Check! 채점하여 자신의 실력을 확인해 보세요!

맞힌 개수	28개 이상	연산왕! 참 잘했어요!
	21~27개	틀린 문제를 점검해요!
개/30개	20개 이하	차근차근 다시 풀어요!

엄마의 확인 Note 칭찬할 점과 주의할 점을 써주세요!

정답확인

칭찬	
주의	

쏙셈 11권 2일 - 3

다른 그림 찾기

아래 사진에서 위 사진과 다른 부분 5군데를 모두 찾아 ○표 하시오.

교과서 분수의 나눗셈

3 1보다 큰 (자연수)÷(자연수)의 몫을 분수로 나타내기 (1)

공부한 날   월   일

✔ (자연수)÷(자연수)의 몫은 나누어지는 수를 분자, 나누는 수를 분모로 하는 분수로 나타낼 수 있습니다.

예 $5 \div 4 = \dfrac{5}{4} \left(= 1\dfrac{1}{4} \right)$

● ÷ ▲ = $\dfrac{●}{▲}$ 와 같이 나타낼 수 있어요!

1~6 그림을 보고 □ 안에 알맞은 수를 써넣으시오.

1

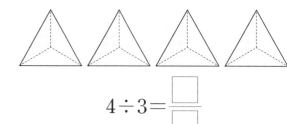

$5 \div 3 = \dfrac{\square}{\square}$

2

$8 \div 5 = \dfrac{\square}{\square}$

3

$7 \div 6 = \dfrac{\square}{\square}$

4

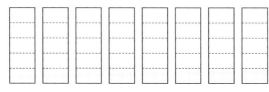

$4 \div 3 = \dfrac{\square}{\square}$

5

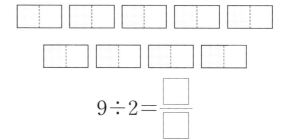

$9 \div 2 = \dfrac{\square}{\square}$

6

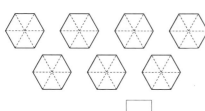

$11 \div 4 = \dfrac{\square}{\square}$

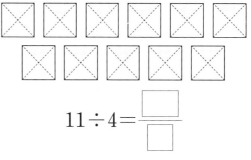

7~20 나눗셈의 몫을 분수로 나타내시오.

7 $13 \div 3$

14 $21 \div 4$

8 $9 \div 5$

15 $15 \div 2$

9 $13 \div 9$

16 $18 \div 7$

10 $7 \div 4$

17 $23 \div 8$

11 $26 \div 7$

18 $14 \div 5$

12 $17 \div 6$

19 $16 \div 11$

13 $11 \div 8$

20 $31 \div 9$

21~25 빈 곳에 알맞은 분수를 써넣으시오.

26~30 빈 곳에 큰 수를 작은 수로 나눈 몫을 분수로 써넣으시오.

21

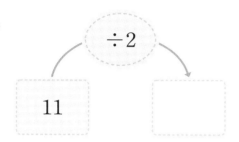

26

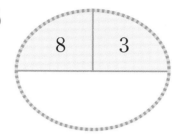

22

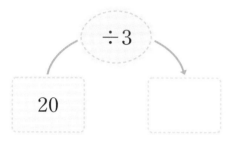

27

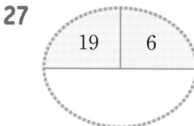

23

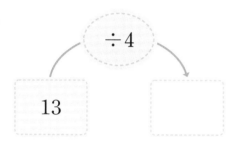

28

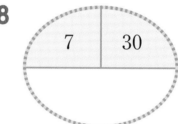

24

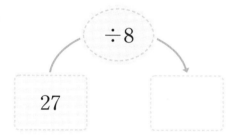

29

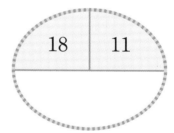

25

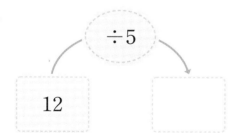

30

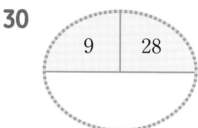

사다리 타기

사다리 타기는 줄을 타고 내려가다가 가로로 놓인 선을 만나면 가로 선을 따라 맨 아래까지 내려가는 놀이입니다. 주어진 나눗셈의 몫을 사다리를 타고 내려가서 도착한 곳에 분수로 써넣으시오.

교과서 분수의 나눗셈

4 1보다 큰 (자연수)÷(자연수)의 몫을 분수로 나타내기 (2)

공부한 날   월   일

예 $25 \div 3 = \dfrac{25}{3} \left(= 8\dfrac{1}{3}\right)$

(자연수) ÷ (자연수)의 몫을 분수로 나타내면

● ÷ ▲ = ●/▲ 이에요.

1~6 그림을 보고 □ 안에 알맞은 수를 써넣으시오.

1

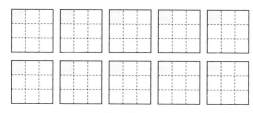

$10 \div 9 = \dfrac{\square}{\square} \left(= \square\dfrac{\square}{\square}\right)$

4

$6 \div 5 = \dfrac{\square}{\square} \left(= \square\dfrac{\square}{\square}\right)$

2

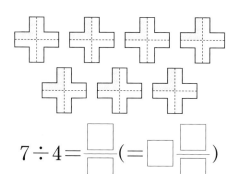

$7 \div 4 = \dfrac{\square}{\square} \left(= \square\dfrac{\square}{\square}\right)$

5

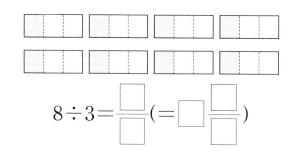

$8 \div 3 = \dfrac{\square}{\square} \left(= \square\dfrac{\square}{\square}\right)$

3

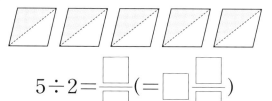

$5 \div 2 = \dfrac{\square}{\square} \left(= \square\dfrac{\square}{\square}\right)$

6

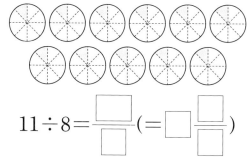

$11 \div 8 = \dfrac{\square}{\square} \left(= \square\dfrac{\square}{\square}\right)$

7~20 나눗셈의 몫을 분수로 나타내시오.

7 $16 \div 3$

14 $25 \div 4$

8 $19 \div 8$

15 $15 \div 7$

9 $22 \div 9$

16 $37 \div 10$

10 $33 \div 2$

17 $21 \div 8$

11 $28 \div 5$

18 $19 \div 6$

12 $7 \div 6$

19 $31 \div 12$

13 $10 \div 3$

20 $24 \div 7$

21~25 빈 곳에 알맞은 분수를 써넣으시오.

26~30 빈 곳에 큰 수를 작은 수로 나눈 몫을 분수로 써넣으시오.

21

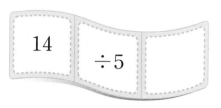

14 ÷ 5

26

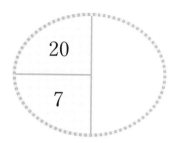

20

7

22

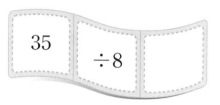

35 ÷ 8

27

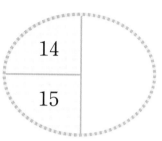

14

15

23

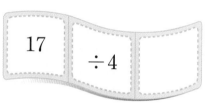

17 ÷ 4

28

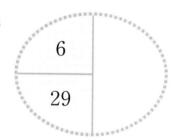

6

29

24

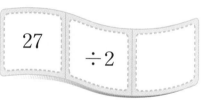

27 ÷ 2

29

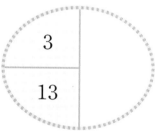

3

13

25

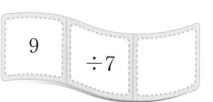

9 ÷ 7

30

34

11

미로 찾기

도준이는 우주에서 지구로 돌아가려고 합니다. 길을 찾아 선으로 이어 보시오.

교과서 분수의 나눗셈

5 (분수)÷(자연수) 알아보기

공부한 날   월   일

걸린 시간 분

✔ 분자가 자연수의 배수인 (분수)÷(자연수)는 분자를 자연수로 나눕니다.

예 $\dfrac{8}{9} \div 4 = \dfrac{8 \div 4}{9} = \dfrac{2}{9}$

✔ 분자가 자연수의 배수가 아닌 (분수)÷(자연수)는 크기가 같은 분수 중 분자가 자연수의 배수인 수로 바꾸어 계산합니다.

예 $\dfrac{3}{5} \div 2 = \dfrac{6}{10} \div 2 = \dfrac{6 \div 2}{10} = \dfrac{3}{10}$

1~8 □ 안에 알맞은 수를 써넣어 계산을 하시오.

1 $\dfrac{4}{7} \div 2 = \dfrac{\square \div 2}{7} = \dfrac{\square}{7}$

2 $\dfrac{6}{9} \div 6 = \dfrac{\square \div 6}{9} = \dfrac{\square}{9}$

3 $\dfrac{14}{15} \div 7 = \dfrac{\square \div 7}{15} = \dfrac{\square}{15}$

4 $\dfrac{12}{17} \div 4 = \dfrac{\square \div 4}{17} = \dfrac{\square}{17}$

5 $\dfrac{7}{8} \div 5 = \dfrac{\square}{40} \div 5$
$= \dfrac{\square \div 5}{40} = \dfrac{\square}{40}$

6 $\dfrac{2}{3} \div 9 = \dfrac{\square}{27} \div 9$
$= \dfrac{\square \div 9}{27} = \dfrac{\square}{27}$

7 $\dfrac{5}{6} \div 2 = \dfrac{\square}{12} \div 2$
$= \dfrac{\square \div 2}{12} = \dfrac{\square}{12}$

8 $\dfrac{11}{12} \div 3 = \dfrac{\square}{36} \div 3$
$= \dfrac{\square \div 3}{36} = \dfrac{\square}{36}$

9 $\dfrac{3}{16} \div 3$

16 $\dfrac{3}{7} \div 2$

10 $\dfrac{10}{13} \div 5$

17 $\dfrac{15}{16} \div 7$

11 $\dfrac{27}{29} \div 9$

18 $\dfrac{2}{5} \div 5$

12 $\dfrac{4}{9} \div 4$

19 $\dfrac{9}{14} \div 7$

13 $\dfrac{18}{19} \div 6$

20 $\dfrac{5}{8} \div 6$

14 $\dfrac{16}{21} \div 8$

21 $\dfrac{1}{3} \div 12$

15 $\dfrac{14}{15} \div 2$

22 $\dfrac{7}{8} \div 9$

23
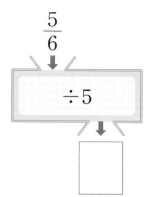

24
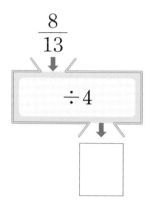

25
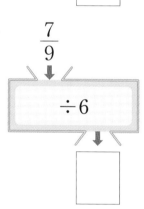

26
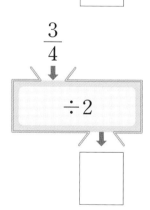

27
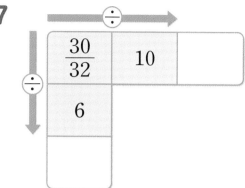

28
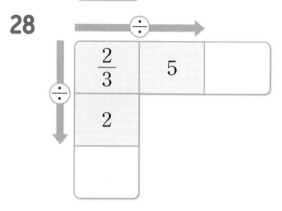

29
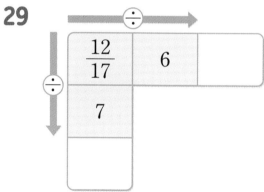

30

도착하는 장소 찾기

계산 결과가 맞으면 ➡ 화살표를, 틀리면 ➡ 화살표를 따라갑니다. 진형이가 출발 지점에서 출발하여 마지막에 도착하는 장소의 이름을 쓰시오.

출발

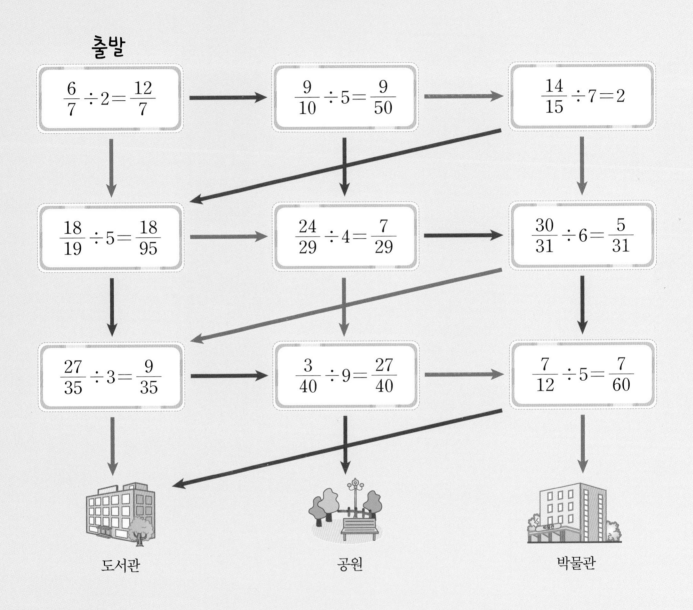

$$\frac{6}{7} \div 2 = \frac{12}{7}$$

$$\frac{9}{10} \div 5 = \frac{9}{50}$$

$$\frac{14}{15} \div 7 = 2$$

$$\frac{18}{19} \div 5 = \frac{18}{95}$$

$$\frac{24}{29} \div 4 = \frac{7}{29}$$

$$\frac{30}{31} \div 6 = \frac{5}{31}$$

$$\frac{27}{35} \div 3 = \frac{9}{35}$$

$$\frac{3}{40} \div 9 = \frac{27}{40}$$

$$\frac{7}{12} \div 5 = \frac{7}{60}$$

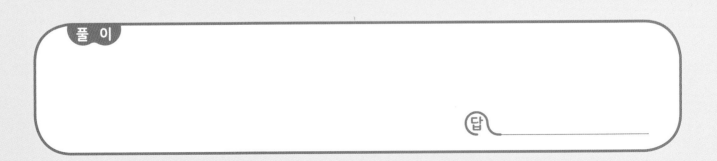

도서관   공원   박물관

풀 이

답 _____

교과서 분수의 나눗셈

6 (진분수)÷(자연수) (1)

✔ (진분수)÷(자연수)의 계산은 분수의 나눗셈을 분수의 곱셈으로 바꾸어 계산합니다.

예 $\dfrac{2}{5} \div 6 = \dfrac{\overset{1}{\cancel{2}}}{5} \times \dfrac{1}{\underset{3}{\cancel{6}}} = \dfrac{1}{15}$

(자연수)를 $\dfrac{1}{(자연수)}$ 로 바꾼 다음 곱해요.

[1~15] 계산을 하여 기약분수로 나타내시오.

1 $\dfrac{1}{4} \div 3$

2 $\dfrac{1}{8} \div 2$

3 $\dfrac{1}{3} \div 8$

4 $\dfrac{2}{5} \div 4$

5 $\dfrac{3}{7} \div 5$

6 $\dfrac{3}{8} \div 9$

7 $\dfrac{5}{11} \div 5$

8 $\dfrac{9}{13} \div 3$

9 $\dfrac{5}{6} \div 3$

10 $\dfrac{10}{21} \div 14$

11 $\dfrac{3}{5} \div 12$

12 $\dfrac{3}{4} \div 16$

13 $\dfrac{7}{8} \div 14$

14 $\dfrac{5}{14} \div 3$

15 $\dfrac{24}{25} \div 12$

16~36 계산을 하여 기약분수로 나타내시오.

16 $\dfrac{1}{7} \div 2$

17 $\dfrac{1}{5} \div 8$

18 $\dfrac{1}{6} \div 3$

19 $\dfrac{1}{9} \div 4$

20 $\dfrac{3}{4} \div 8$

21 $\dfrac{5}{6} \div 5$

22 $\dfrac{2}{3} \div 6$

23 $\dfrac{5}{8} \div 10$

24 $\dfrac{4}{7} \div 8$

25 $\dfrac{8}{11} \div 4$

26 $\dfrac{5}{9} \div 3$

27 $\dfrac{7}{12} \div 21$

28 $\dfrac{8}{15} \div 16$

29 $\dfrac{9}{16} \div 18$

30 $\dfrac{11}{13} \div 22$

31 $\dfrac{5}{14} \div 20$

32 $\dfrac{7}{24} \div 14$

33 $\dfrac{5}{18} \div 2$

34 $\dfrac{15}{22} \div 30$

35 $\dfrac{14}{25} \div 7$

36 $\dfrac{13}{28} \div 4$

37
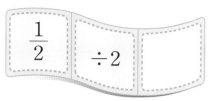
$$\frac{1}{2} \quad \div 2$$

42
$$\frac{8}{9} \Rightarrow \boxed{\div 10} \Rightarrow \square$$

38
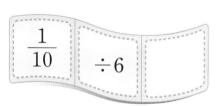
$$\frac{1}{10} \quad \div 6$$

43
$$\frac{11}{12} \Rightarrow \boxed{\div 8} \Rightarrow \square$$

39
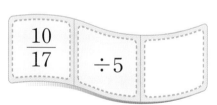
$$\frac{6}{7} \quad \div 9$$

44
$$\frac{16}{21} \Rightarrow \boxed{\div 4} \Rightarrow \square$$

40
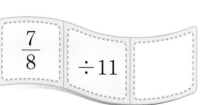
$$\frac{10}{17} \quad \div 5$$

45
$$\frac{7}{18} \Rightarrow \boxed{\div 3} \Rightarrow \square$$

41
$$\frac{7}{8} \quad \div 11$$

46
$$\frac{13}{24} \Rightarrow \boxed{\div 26} \Rightarrow \square$$

빙고 놀이

민아와 재호가 빙고 놀이를 하고 있습니다. 빙고 놀이에서 이긴 사람의 이름을 쓰시오.

<빙고 놀이 방법>

1. 가로, 세로 5칸인 놀이판에 1부터 50까지의 수 중 자유롭게 수를 적은 다음 민아부터 서로 번갈아 가며 수를 말합니다.
2. 자신과 상대방이 말하는 수에 ✕표 합니다.
3. 가로, 세로, 대각선 중 한 줄에 있는 5개의 수에 모두 ✕표 한 경우 '빙고'를 외칩니다.
4. 먼저 '빙고'를 외치는 사람이 이깁니다.

민아의 놀이판				
✕	16	48	40	✕
9	✕	32	22	✕
35	45	15	18	6
✕	42	✕	5	49
✕	12	24	8	✕

재호의 놀이판				
8	✕	16	7	42
✕	49	✕	14	5
24	36	12	✕	28
✕	✕	40	35	✕
16	2	✕	27	45

$\dfrac{4}{7} \div 20$의 분모!

민아

$\dfrac{3}{8} \div 15$의 분모!

재호

풀 이

답 _____

교과서 분수의 나눗셈

7 (진분수)÷(자연수) (2)

예 $\dfrac{6}{7} \div 4 = \dfrac{\overset{3}{\cancel{6}}}{7} \times \dfrac{1}{\underset{2}{\cancel{4}}}$

$= \dfrac{3}{14}$

분수의 나눗셈을 분수의 곱셈으로 바꾸어 계산해요.

1~15 계산을 하여 기약분수로 나타내시오.

1 $\dfrac{1}{3} \div 3$

2 $\dfrac{1}{9} \div 5$

3 $\dfrac{3}{4} \div 6$

4 $\dfrac{2}{3} \div 8$

5 $\dfrac{4}{11} \div 10$

6 $\dfrac{3}{7} \div 4$

7 $\dfrac{2}{5} \div 9$

8 $\dfrac{5}{6} \div 10$

9 $\dfrac{7}{10} \div 3$

10 $\dfrac{5}{8} \div 15$

11 $\dfrac{8}{17} \div 12$

12 $\dfrac{11}{12} \div 22$

13 $\dfrac{6}{25} \div 14$

14 $\dfrac{6}{7} \div 18$

15 $\dfrac{15}{16} \div 5$

16~36 계산을 하여 기약분수로 나타내시오.

16 $\dfrac{1}{2} \div 6$

17 $\dfrac{1}{10} \div 4$

18 $\dfrac{1}{7} \div 8$

19 $\dfrac{1}{6} \div 5$

20 $\dfrac{3}{8} \div 6$

21 $\dfrac{2}{5} \div 7$

22 $\dfrac{3}{4} \div 9$

23 $\dfrac{5}{12} \div 15$

24 $\dfrac{13}{15} \div 2$

25 $\dfrac{10}{13} \div 15$

26 $\dfrac{3}{4} \div 18$

27 $\dfrac{6}{7} \div 12$

28 $\dfrac{12}{13} \div 6$

29 $\dfrac{9}{23} \div 21$

30 $\dfrac{9}{14} \div 5$

31 $\dfrac{13}{16} \div 4$

32 $\dfrac{15}{26} \div 20$

33 $\dfrac{13}{28} \div 13$

34 $\dfrac{7}{15} \div 14$

35 $\dfrac{15}{17} \div 25$

36 $\dfrac{21}{22} \div 7$

37~46 진분수를 자연수로 나눈 몫을 기약분수로 나타내어 빈 곳에 써넣으시오.

37
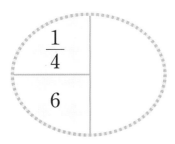
$$\frac{1}{4}$$
6

42
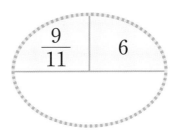
$$\frac{9}{11}$$
6

38
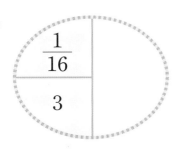
$$\frac{1}{16}$$
3

43
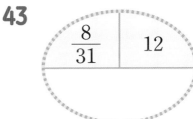
$$\frac{8}{31}$$
12

39
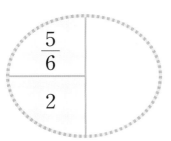
$$\frac{5}{6}$$
2

44
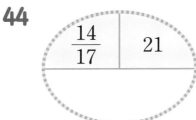
$$\frac{14}{17}$$
21

40
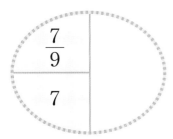
$$\frac{7}{9}$$
7

45
$$\frac{7}{12}$$
4

41
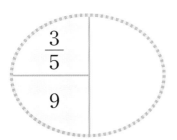
$$\frac{3}{5}$$
9

46
$$\frac{13}{14}$$
26

도둑은 누구일까요?

마무리 연산 퍼즐

어느 날 한 저택에 도둑이 들어 가장 비싼 그릇을 훔쳐 갔습니다. 사건 단서 ①, ②, ③의 계산 결과에 해당하는 글자를 사건 단서 해독표에서 찾아 차례로 쓰면 도둑의 이름을 알 수 있습니다. 주어진 사건 단서를 가지고 도둑의 이름을 알아보시오.

사건 단서 ①
$\frac{4}{5} \div 6$

사건 단서 ②
$\frac{6}{11} \div 4$

사건 단서 ③
$\frac{6}{7} \div 10$

사건 현장의 단서를 찾은 다음 오른쪽의 사건 단서 해독표를 이용하여 범인의 이름을 알아봐.

<사건 단서 해독표>

수	$\frac{6}{11}$	민	$\frac{5}{32}$	진	$\frac{1}{30}$	김	$\frac{5}{6}$
박	$\frac{1}{24}$	영	$\frac{1}{16}$	유	$\frac{3}{22}$	태	$\frac{11}{56}$
최	$\frac{2}{15}$	빈	$\frac{3}{35}$	호	$\frac{4}{9}$	이	$\frac{7}{18}$

① ② ③
도둑의 이름은 [ ][ ][ ] 입니다.

풀 이

답 _____

교과서 분수의 나눗셈

(진분수)÷(자연수) (3)

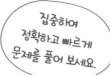

집중하여 정확하고 빠르게 문제를 풀어 보세요.

공부한 날 　 월 　 일 　 걸린 시간 분

1~18 계산을 하여 기약분수로 나타내시오.

1 $\dfrac{1}{2} \div 3 = \dfrac{1}{6}$

2 $\dfrac{1}{5} \div 4$

3 $\dfrac{2}{3} \div 5$

4 $\dfrac{5}{6} \div 3$

5 $\dfrac{6}{11} \div 3$

6 $\dfrac{8}{15} \div 4$

7 $\dfrac{4}{7} \div 5$

8 $\dfrac{3}{4} \div 12$

9 $\dfrac{7}{11} \div 14$

10 $\dfrac{5}{32} \div 15$

11 $\dfrac{9}{16} \div 6$

12 $\dfrac{8}{13} \div 6$

13 $\dfrac{5}{9} \div 2$

14 $\dfrac{9}{14} \div 6$

15 $\dfrac{2}{3} \div 4$

16 $\dfrac{5}{7} \div 10$

17 $\dfrac{14}{15} \div 21$

18 $\dfrac{8}{9} \div 12$

19 $\dfrac{4}{5} \div 3$

20 $\dfrac{5}{6} \div 10$

21 $\dfrac{4}{7} \div 6$

22 $\dfrac{7}{9} \div 5$

23 $\dfrac{9}{10} \div 3$

24 $\dfrac{6}{13} \div 9$

25 $\dfrac{11}{27} \div 22$

26 $\dfrac{2}{9} \div 4$

27 $\dfrac{5}{7} \div 20$

28 $\dfrac{3}{8} \div 6$

29 $\dfrac{10}{11} \div 15$

30 $\dfrac{12}{13} \div 4$

31 $\dfrac{15}{17} \div 9$

32 $\dfrac{22}{25} \div 33$

33 $\dfrac{3}{4} \div 6$

34 $\dfrac{5}{6} \div 2$

35 $\dfrac{7}{9} \div 21$

36 $\dfrac{5}{12} \div 10$

37 $\dfrac{9}{13} \div 18$

38 $\dfrac{20}{23} \div 15$

39 $\dfrac{42}{55} \div 8$

40

$\dfrac{1}{6}$

$\div 2$

41

$\dfrac{15}{16}$

$\div 9$

42

$\dfrac{12}{25}$

$\div 2$

43

$\dfrac{8}{21}$

$\div 6$

44

$\div$

$\dfrac{1}{9}$	3	
$\dfrac{3}{7}$	5	

45

$\div$

$\dfrac{9}{17}$	9	
$\dfrac{15}{22}$	45	

46

$\div$

$\dfrac{8}{15}$	16	
$\dfrac{12}{13}$	20	

47

$\div$

$\dfrac{9}{34}$	6	
$\dfrac{13}{40}$	39	

비밀번호는 무엇일까요?

재호와 민아가 도서관에 갔습니다. 도서관의 와이파이 비밀번호는 보기 에 있는 나눗셈을 계산하여 기약분수로 나타냈을 때 번호에 알맞은 수를 차례로 이어 붙여 쓴 것입니다. 비밀번호를 구하시오.

보기

$$\frac{1}{3} \div 2 = \frac{1}{①} \qquad \frac{4}{15} \div 6 = \frac{②}{45}$$

$$\frac{3}{4} \div 6 = \frac{1}{③} \qquad \frac{12}{13} \div 8 = \frac{④}{26}$$

이 카페 와이파이 비밀번호를 알려면 주어진 나눗셈을 계산해야 해.

재호

기약분수로 나타내야 함에 주의해!

민아

비밀번호

① ② ③ ④

풀 이

답 _____

교과서 분수의 나눗셈

9 (가분수)÷(자연수) (1)

✔ (가분수)÷(자연수)의 계산은 분수의 나눗셈을 분수의 곱셈으로 바꾸어 계산합니다.

예 $\dfrac{5}{4} \div 10 = \dfrac{\overset{1}{\cancel{5}}}{4} \times \dfrac{1}{\underset{2}{\cancel{10}}} = \dfrac{1}{8}$

(자연수)를 $\dfrac{1}{(자연수)}$ 로 바꾼 다음 곱하여 계산해요.

1~15 계산을 하여 기약분수로 나타내시오.

1 $\dfrac{4}{3} \div 8$

2 $\dfrac{3}{2} \div 2$

3 $\dfrac{8}{5} \div 4$

4 $\dfrac{7}{6} \div 3$

5 $\dfrac{9}{7} \div 6$

6 $\dfrac{11}{8} \div 11$

7 $\dfrac{14}{9} \div 7$

8 $\dfrac{19}{12} \div 3$

9 $\dfrac{5}{4} \div 20$

10 $\dfrac{15}{11} \div 18$

11 $\dfrac{16}{15} \div 20$

12 $\dfrac{20}{11} \div 15$

13 $\dfrac{25}{6} \div 5$

14 $\dfrac{15}{14} \div 30$

15 $\dfrac{35}{18} \div 21$

16 $\dfrac{8}{7} \div 2$

23 $\dfrac{21}{16} \div 18$

30 $\dfrac{19}{12} \div 6$

17 $\dfrac{7}{3} \div 5$

24 $\dfrac{13}{8} \div 13$

31 $\dfrac{22}{9} \div 8$

18 $\dfrac{5}{4} \div 6$

25 $\dfrac{21}{20} \div 4$

32 $\dfrac{18}{7} \div 9$

19 $\dfrac{9}{8} \div 7$

26 $\dfrac{23}{18} \div 2$

33 $\dfrac{25}{13} \div 10$

20 $\dfrac{13}{9} \div 13$

27 $\dfrac{27}{16} \div 9$

34 $\dfrac{24}{5} \div 16$

21 $\dfrac{11}{6} \div 22$

28 $\dfrac{18}{17} \div 27$

35 $\dfrac{15}{4} \div 20$

22 $\dfrac{12}{7} \div 14$

29 $\dfrac{16}{11} \div 32$

36 $\dfrac{16}{3} \div 24$

37~46 빈 곳에 알맞은 기약분수를 써넣으시오.

37

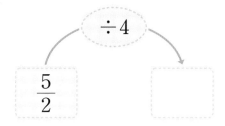

÷ 4

$\dfrac{5}{2}$ →

38

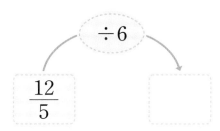

÷ 6

$\dfrac{12}{5}$ →

39

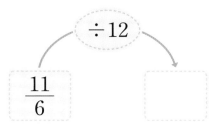

÷ 12

$\dfrac{11}{6}$ →

40

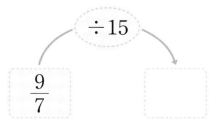

÷ 15

$\dfrac{9}{7}$ →

41

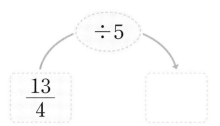

÷ 5

$\dfrac{13}{4}$ →

42

÷	8	16	32
$\dfrac{16}{9}$	$\dfrac{2}{9}$		

43

÷	5	10	35
$\dfrac{25}{12}$			

44

÷	3	4	5
$\dfrac{17}{15}$			

45

÷	7	14	42
$\dfrac{14}{3}$			

46

÷	7	12	28
$\dfrac{21}{8}$			

실력 **Check!** 채점하여 자신의 실력을 확인해 보세요!

맞힌 개수	44개 이상	연산왕! 참 잘했어요!
	32~43개	틀린 문제를 점검해요!
개/46개	31개 이하	차근차근 다시 풀어요!

엄마의 **확인 Note** 칭찬할 점과 주의할 점을 써주세요!

정답확인

칭찬	
주의	

고사성어

다음 나눗셈의 몫을 기약분수로 나타낸 수에 해당하는 글자를 보기 에서 찾아 아래 표의 빈칸에 차례로 써넣으면 고사성어가 완성됩니다. 완성된 고사성어를 쓰시오.

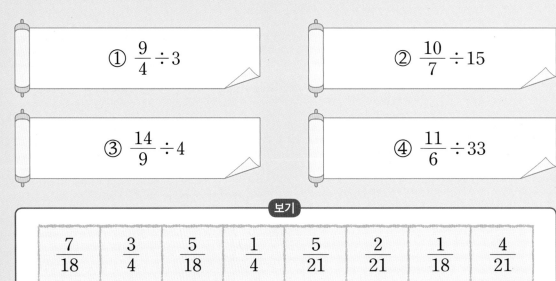

① $\dfrac{9}{4} \div 3$

② $\dfrac{10}{7} \div 15$

③ $\dfrac{14}{9} \div 4$

④ $\dfrac{11}{6} \div 33$

보기

$\dfrac{7}{18}$	$\dfrac{3}{4}$	$\dfrac{5}{18}$	$\dfrac{1}{4}$	$\dfrac{5}{21}$	$\dfrac{2}{21}$	$\dfrac{1}{18}$	$\dfrac{4}{21}$
지	겸	양	손	덕	인	용	미

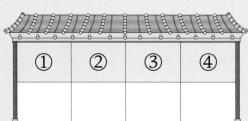

①	②	③	④

분수의 나눗셈을 분수의 곱셈으로 바꾸어 계산해 봥

완성한 고사성어는 혼자서도 몇 사람을 당해 낼 만한 용기를 뜻하는 단어얌

풀 이

답 _____

교과서 분수의 나눗셈

10 (가분수)÷(자연수) (2)

예 $\dfrac{9}{8} \div 3 = \dfrac{\overset{3}{\cancel{9}}}{8} \times \dfrac{1}{\underset{1}{\cancel{3}}}$

$= \dfrac{3}{8}$

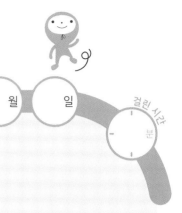

분수의 나눗셈을 분수의 곱셈으로 바꾸어 계산해요.

1~15 계산을 하여 기약분수로 나타내시오.

1 $\dfrac{7}{6} \div 2$

2 $\dfrac{9}{5} \div 3$

3 $\dfrac{5}{2} \div 5$

4 $\dfrac{11}{9} \div 6$

5 $\dfrac{7}{4} \div 14$

6 $\dfrac{21}{10} \div 14$

7 $\dfrac{8}{7} \div 4$

8 $\dfrac{11}{6} \div 11$

9 $\dfrac{26}{15} \div 13$

10 $\dfrac{18}{7} \div 6$

11 $\dfrac{15}{11} \div 6$

12 $\dfrac{20}{13} \div 15$

13 $\dfrac{18}{5} \div 12$

14 $\dfrac{24}{7} \div 18$

15 $\dfrac{22}{3} \div 33$

정답서 대로 자르세요

16~36 계산을 하여 기약분수로 나타내시오.

16 $\dfrac{5}{3} \div 4$

17 $\dfrac{7}{4} \div 8$

18 $\dfrac{10}{9} \div 5$

19 $\dfrac{9}{8} \div 12$

20 $\dfrac{11}{10} \div 11$

21 $\dfrac{13}{12} \div 4$

22 $\dfrac{9}{7} \div 18$

23 $\dfrac{14}{11} \div 21$

24 $\dfrac{18}{5} \div 9$

25 $\dfrac{13}{6} \div 13$

26 $\dfrac{15}{4} \div 7$

27 $\dfrac{16}{9} \div 12$

28 $\dfrac{15}{14} \div 20$

29 $\dfrac{21}{16} \div 15$

30 $\dfrac{23}{6} \div 9$

31 $\dfrac{28}{9} \div 35$

32 $\dfrac{16}{3} \div 24$

33 $\dfrac{17}{10} \div 34$

34 $\dfrac{28}{15} \div 7$

35 $\dfrac{17}{6} \div 9$

36 $\dfrac{15}{13} \div 30$

37

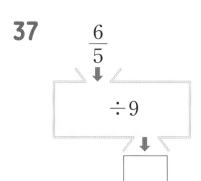

$\dfrac{6}{5}$ → ÷9

38

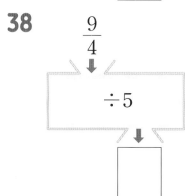

$\dfrac{9}{4}$ → ÷5

39

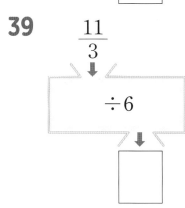

$\dfrac{11}{3}$ → ÷6

40

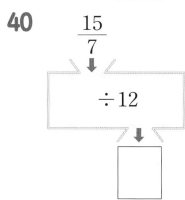

$\dfrac{15}{7}$ → ÷12

41

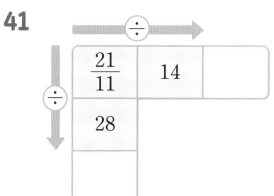

÷

| $\dfrac{21}{11}$ | 14 | |
| 28 | | |

42

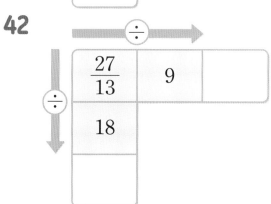

÷

| $\dfrac{27}{13}$ | 9 | |
| 18 | | |

43

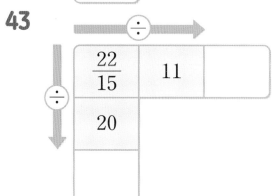

÷

| $\dfrac{22}{15}$ | 11 | |
| 20 | | |

44

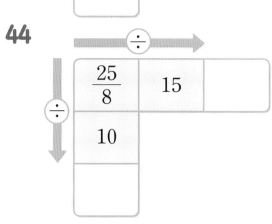

÷

| $\dfrac{25}{8}$ | 15 | |
| 10 | | |

사다리 타기

사다리 타기는 줄을 타고 내려가다가 가로로 놓인 선을 만나면 가로 선을 따라 맨 아래까지 내려가는 놀이입니다. 주어진 나눗셈을 계산하여 몫을 사다리를 타고 내려가서 도착한 곳에 기약분수로 써넣으시오.

$$\frac{15}{7} \div 5 \qquad \frac{8}{3} \div 12 \qquad \frac{2}{11} \div 3 \qquad \frac{17}{12} \div 51$$

나눗셈을 계산한 뒤 사다리를 타고 이동해 보낭

기약분수로 써 넣어야 해.

교과서 분수의 나눗셈

11 (가분수)÷(자연수) (3)

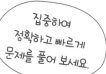

1~18 계산을 하여 기약분수로 나타내시오.

1 $\dfrac{8}{3} \div 7 = \dfrac{8}{21}$

2 $\dfrac{5}{4} \div 3$

3 $\dfrac{13}{5} \div 4$

4 $\dfrac{11}{7} \div 22$

5 $\dfrac{25}{8} \div 10$

6 $\dfrac{14}{3} \div 7$

7 $\dfrac{9}{5} \div 3$

8 $\dfrac{13}{6} \div 9$

9 $\dfrac{20}{7} \div 5$

10 $\dfrac{17}{12} \div 4$

11 $\dfrac{14}{9} \div 21$

12 $\dfrac{16}{5} \div 24$

13 $\dfrac{5}{3} \div 10$

14 $\dfrac{18}{7} \div 9$

15 $\dfrac{21}{4} \div 8$

16 $\dfrac{11}{6} \div 33$

17 $\dfrac{39}{14} \div 13$

18 $\dfrac{28}{15} \div 8$

19~39 계산을 하여 기약분수로 나타내시오.

19 $\dfrac{4}{3} \div 5$

20 $\dfrac{6}{5} \div 3$

21 $\dfrac{10}{7} \div 15$

22 $\dfrac{14}{9} \div 5$

23 $\dfrac{21}{5} \div 18$

24 $\dfrac{25}{6} \div 20$

25 $\dfrac{22}{3} \div 11$

26 $\dfrac{8}{5} \div 2$

27 $\dfrac{15}{8} \div 8$

28 $\dfrac{27}{7} \div 9$

29 $\dfrac{18}{13} \div 12$

30 $\dfrac{11}{6} \div 2$

31 $\dfrac{27}{10} \div 6$

32 $\dfrac{20}{17} \div 8$

33 $\dfrac{11}{7} \div 3$

34 $\dfrac{35}{9} \div 7$

35 $\dfrac{9}{4} \div 8$

36 $\dfrac{21}{8} \div 9$

37 $\dfrac{16}{15} \div 20$

38 $\dfrac{36}{11} \div 8$

39 $\dfrac{34}{5} \div 4$

40
$\dfrac{14}{13}$ → $\div 4$ → ☐

41
$\dfrac{35}{12}$ → $\div 30$ → ☐

42
$\dfrac{22}{9}$ → $\div 6$ → ☐

43
$\dfrac{15}{4}$ → $\div 10$ → ☐

44
$\dfrac{20}{3}$ → $\div 5$ → ☐

45 $\div$

$\dfrac{13}{6}$	26	
$\dfrac{5}{2}$	5	

46 $\div$

$\dfrac{36}{5}$	8	
$\dfrac{51}{16}$	9	

47 $\div$

$\dfrac{63}{8}$	14	
$\dfrac{48}{13}$	40	

48 $\div$

$\dfrac{45}{11}$	18	
$\dfrac{18}{7}$	3	

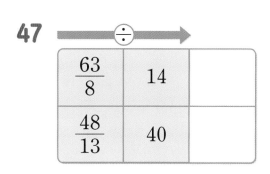

다른 그림 찾기

아래 그림에서 위 그림과 다른 부분 5군데를 모두 찾아 ○표 하시오.

교과서 분수의 나눗셈

12 (대분수)÷(자연수) (1)

✔ (대분수)÷(자연수)의 계산은 대분수를 가분수로 바꾼 다음 (가분수)÷(자연수)와 같은 방법으로 계산합니다.

예 $1\dfrac{3}{5} \div 8 = \dfrac{8}{5} \div 8 = \dfrac{\overset{1}{\cancel{8}}}{5} \times \dfrac{1}{\underset{1}{\cancel{8}}} = \dfrac{1}{5}$

대분수를 가분수로 바꾸기

대분수는 반드시 가분수로 바꾸어 계산해야 해요.

1~15 계산을 하여 기약분수로 나타내시오.

1 $1\dfrac{5}{6} \div 3$

2 $2\dfrac{1}{4} \div 6$

3 $3\dfrac{1}{5} \div 4$

4 $1\dfrac{3}{7} \div 5$

5 $1\dfrac{5}{9} \div 7$

6 $2\dfrac{1}{8} \div 6$

7 $2\dfrac{1}{7} \div 9$

8 $1\dfrac{7}{12} \div 8$

9 $2\dfrac{5}{6} \div 5$

10 $6\dfrac{2}{5} \div 20$

11 $2\dfrac{1}{14} \div 7$

12 $3\dfrac{2}{11} \div 14$

13 $3\dfrac{5}{9} \div 16$

14 $2\dfrac{7}{10} \div 2$

15 $4\dfrac{1}{8} \div 9$

자를 따라 자르세요

16~36 계산을 하여 기약분수로 나타내시오.

16 $3\frac{4}{9} \div 4$

17 $1\frac{5}{7} \div 2$

18 $1\frac{5}{6} \div 3$

19 $2\frac{2}{9} \div 5$

20 $3\frac{3}{4} \div 10$

21 $3\frac{2}{5} \div 8$

22 $7\frac{1}{3} \div 4$

23 $2\frac{1}{3} \div 6$

24 $3\frac{3}{10} \div 11$

25 $2\frac{1}{12} \div 15$

26 $4\frac{4}{13} \div 16$

27 $4\frac{3}{8} \div 14$

28 $3\frac{1}{7} \div 8$

29 $4\frac{1}{6} \div 20$

30 $6\frac{1}{4} \div 5$

31 $3\frac{5}{8} \div 10$

32 $5\frac{8}{11} \div 18$

33 $2\frac{2}{15} \div 24$

34 $1\frac{3}{20} \div 5$

35 $4\frac{2}{9} \div 7$

36 $8\frac{1}{6} \div 21$

37~46 대분수를 자연수로 나눈 몫을 기약분수로 나타내어 빈 곳에 써넣으시오.

37
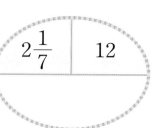
$2\dfrac{1}{7}$ | 12

42
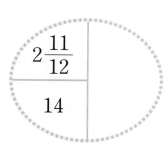
$2\dfrac{11}{12}$ / 14

38
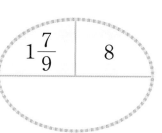
$1\dfrac{7}{9}$ | 8

43
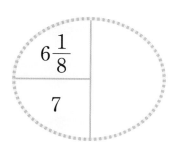
$6\dfrac{1}{8}$ / 7

39
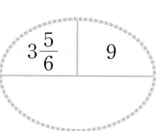
$3\dfrac{5}{6}$ | 9

44
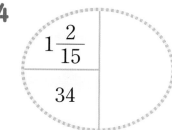
$1\dfrac{2}{15}$ / 34

40
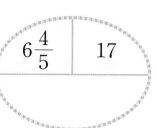
$6\dfrac{4}{5}$ | 17

45
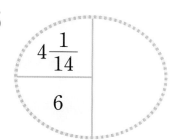
$4\dfrac{1}{14}$ / 6

41
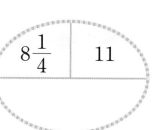
$8\dfrac{1}{4}$ | 11

46
$3\dfrac{1}{13}$ / 24

길 찾기

재호가 민아네 집에 놀러 가려고 합니다. 갈림길 문제의 답을 따라가면 민아네 집에 도착할 수 있습니다. 민아네 집을 찾아 번호를 쓰시오.

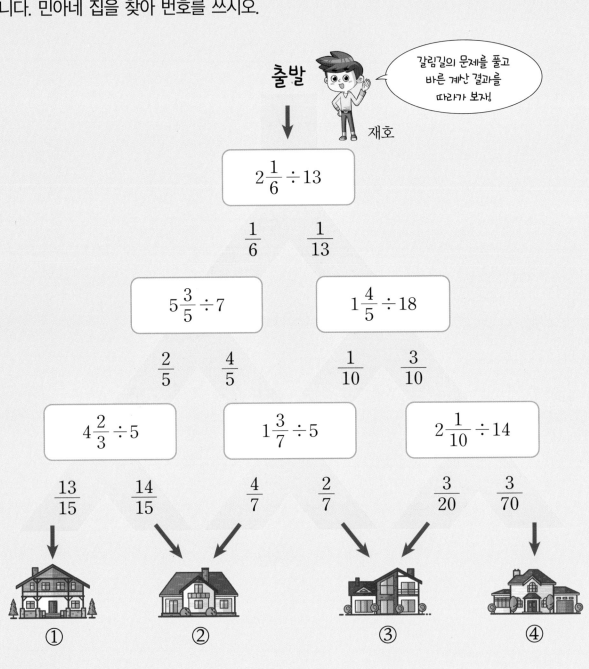

출발

재호

갈림길의 문제를 풀고 바른 계산 결과를 따라가 보자!

$$2\frac{1}{6} \div 13$$

$\frac{1}{6}$ $\frac{1}{13}$

$$5\frac{3}{5} \div 7$$ $$1\frac{4}{5} \div 18$$

$\frac{2}{5}$ $\frac{4}{5}$ $\frac{1}{10}$ $\frac{3}{10}$

$$4\frac{2}{3} \div 5$$ $$1\frac{3}{7} \div 5$$ $$2\frac{1}{10} \div 14$$

$\frac{13}{15}$ $\frac{14}{15}$ $\frac{4}{7}$ $\frac{2}{7}$ $\frac{3}{20}$ $\frac{3}{70}$

①   ②   ③   ④

풀 이

답

교과서 분수의 나눗셈

13 (대분수)÷(자연수) (2)

예 $2\dfrac{2}{7} \div 4 = \dfrac{16}{7} \div 4 = \dfrac{\overset{4}{16}}{7} \times \dfrac{1}{\underset{1}{4}}$

$= \dfrac{4}{7}$

대분수를 가분수로 바꾼 다음 분수의 나눗셈을 분수의 곱셈으로 바꾸어 계산해요.

1~15 계산을 하여 기약분수로 나타내시오.

1 $2\dfrac{2}{5} \div 4$

2 $2\dfrac{4}{7} \div 3$

3 $4\dfrac{5}{6} \div 5$

4 $3\dfrac{1}{9} \div 7$

5 $2\dfrac{5}{8} \div 14$

6 $2\dfrac{1}{12} \div 10$

7 $6\dfrac{3}{4} \div 15$

8 $3\dfrac{2}{9} \div 8$

9 $2\dfrac{8}{11} \div 20$

10 $5\dfrac{4}{7} \div 13$

11 $5\dfrac{5}{8} \div 9$

12 $1\dfrac{1}{6} \div 21$

13 $3\dfrac{1}{15} \div 4$

14 $2\dfrac{2}{21} \div 22$

15 $1\dfrac{11}{16} \div 18$

16 $4\dfrac{1}{2} \div 3$

23 $7\dfrac{1}{9} \div 16$

30 $5\dfrac{5}{7} \div 8$

17 $2\dfrac{1}{6} \div 7$

24 $4\dfrac{7}{8} \div 6$

31 $2\dfrac{8}{15} \div 6$

18 $6\dfrac{3}{4} \div 3$

25 $4\dfrac{9}{10} \div 7$

32 $8\dfrac{2}{7} \div 4$

19 $3\dfrac{3}{5} \div 9$

26 $2\dfrac{2}{13} \div 14$

33 $3\dfrac{1}{6} \div 5$

20 $2\dfrac{3}{8} \div 6$

27 $1\dfrac{7}{15} \div 11$

34 $5\dfrac{4}{9} \div 7$

21 $1\dfrac{9}{11} \div 5$

28 $2\dfrac{5}{14} \div 3$

35 $5\dfrac{2}{5} \div 18$

22 $1\dfrac{1}{9} \div 15$

29 $1\dfrac{7}{18} \div 10$

36 $2\dfrac{1}{22} \div 27$

37

$1\dfrac{7}{8}$ → $\div 5$ → ☐

38

$3\dfrac{3}{7}$ → $\div 4$ → ☐

39

$10\dfrac{4}{5}$ → $\div 9$ → ☐

40

$4\dfrac{4}{9}$ → $\div 8$ → ☐

41

$2\dfrac{1}{10}$ → $\div 3$ → ☐

42

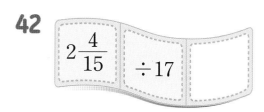

$2\dfrac{4}{15}$ $\div 17$

43

$3\dfrac{3}{14}$ $\div 18$

44

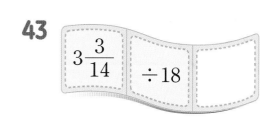

$1\dfrac{19}{21}$ $\div 20$

45

$2\dfrac{7}{16}$ $\div 3$

46

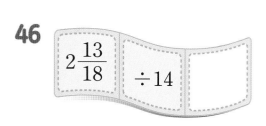

$2\dfrac{13}{18}$ $\div 14$

도둑은 누구일까요?

어느 날 한 보석 가게에 도둑이 들어 가장 비싼 반지를 훔쳐 갔습니다. 사건 단서 ①, ②, ③의 계산 결과를 기약분수로 나타낸 수에 해당하는 글자를 사건 단서 해독표에서 찾아 차례로 쓰면 도둑의 이름을 알 수 있습니다. 도둑의 이름을 알아보시오.

<사건 단서>

사건 단서 ①	$1\frac{3}{8} \div 22$
사건 단서 ②	$2\frac{2}{9} \div 15$
사건 단서 ③	$1\frac{3}{5} \div 4$

<사건 단서 해독표>

김	$\frac{7}{9}$	희	$\frac{3}{5}$	박	$\frac{3}{11}$	재	$\frac{4}{15}$
종	$\frac{4}{27}$	이	$\frac{4}{15}$	주	$\frac{8}{27}$	민	$\frac{1}{16}$
영	$\frac{3}{16}$	린	$\frac{19}{27}$	신	$\frac{2}{5}$	허	$\frac{1}{8}$

① ② ③
도둑의 이름은 ☐ ☐ ☐ 입니다.

풀 이

답 _____

교과서 분수의 나눗셈

(대분수)÷(자연수) (3)

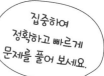

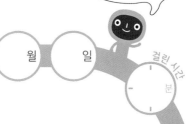

공부한 날 월 일

1~18 계산을 하여 기약분수로 나타내시오.

1 $1\dfrac{2}{5} \div 7 = \dfrac{1}{5}$

7 $3\dfrac{1}{3} \div 5$

13 $3\dfrac{3}{7} \div 4$

2 $1\dfrac{1}{6} \div 8$

8 $7\dfrac{3}{11} \div 8$

14 $1\dfrac{1}{8} \div 9$

3 $1\dfrac{1}{3} \div 5$

9 $5\dfrac{1}{4} \div 7$

15 $4\dfrac{2}{3} \div 7$

4 $7\dfrac{7}{8} \div 7$

10 $8\dfrac{2}{5} \div 6$

16 $1\dfrac{5}{7} \div 24$

5 $1\dfrac{1}{2} \div 3$

11 $3\dfrac{3}{10} \div 11$

17 $9\dfrac{7}{9} \div 12$

6 $2\dfrac{7}{9} \div 5$

12 $2\dfrac{2}{15} \div 12$

18 $12\dfrac{3}{5} \div 30$

19 $2\dfrac{3}{4} \div 5$

26 $5\dfrac{1}{11} \div 6$

33 $10\dfrac{4}{5} \div 6$

20 $6\dfrac{7}{8} \div 11$

27 $6\dfrac{2}{9} \div 8$

34 $16\dfrac{2}{3} \div 4$

21 $5\dfrac{7}{10} \div 9$

28 $5\dfrac{5}{6} \div 14$

35 $1\dfrac{1}{2} \div 6$

22 $1\dfrac{4}{5} \div 2$

29 $1\dfrac{1}{5} \div 4$

36 $15\dfrac{3}{4} \div 18$

23 $3\dfrac{3}{7} \div 6$

30 $8\dfrac{1}{4} \div 9$

37 $5\dfrac{3}{5} \div 21$

24 $2\dfrac{2}{9} \div 15$

31 $13\dfrac{1}{3} \div 5$

38 $4\dfrac{4}{21} \div 8$

25 $8\dfrac{1}{6} \div 7$

32 $6\dfrac{3}{7} \div 10$

39 $11\dfrac{1}{3} \div 17$

40

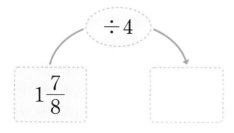

$\div 4$

$1\dfrac{7}{8}$

41

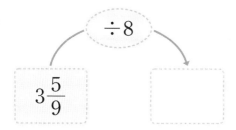

$\div 8$

$3\dfrac{5}{9}$

42

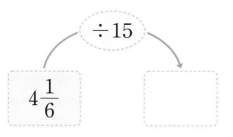

$\div 15$

$4\dfrac{1}{6}$

43

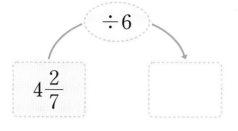

$\div 6$

$4\dfrac{2}{7}$

44

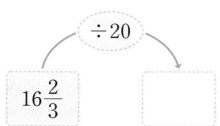

$\div 20$

$16\dfrac{2}{3}$

45

$\div$		
$2\dfrac{2}{3}$	7	
$4\dfrac{4}{15}$	4	

46

$\div$		
$2\dfrac{5}{14}$	11	
$8\dfrac{1}{8}$	15	

47

$\div$		
$5\dfrac{3}{7}$	2	
$1\dfrac{1}{4}$	10	

48

$\div$		
$3\dfrac{19}{50}$	13	
$6\dfrac{3}{4}$	12	

Check! 채점하여 자신의 실력을 확인해 보세요!

맞힌 개수	46개 이상	연산왕! 참 잘했어요!
개/48개	34~45개	틀린 문제를 점검해요!
	33개 이하	차근차근 다시 풀어요!

엄마의 **확인** Note 칭찬할 점과 주의할 점을 써주세요!

정답확인

칭찬	
주의	

쏙셈 11권 **14일** - 3

감기에 걸리면 왜 콧물이 나올까?

교과서 분수의 나눗셈

15 분수와 자연수의 혼합 계산 (1)

✔ 분수와 자연수의 혼합 계산은 대분수를 가분수로 바꾼 다음 분수의 나눗셈을 분수의 곱셈으로 바꾸어 계산합니다.

예 $1\frac{4}{5} \times 7 \div 6 = \frac{9}{5} \times 7 \div 6 = \frac{\overset{3}{\cancel{9}}}{5} \times 7 \times \frac{1}{\underset{2}{\cancel{6}}} = \frac{21}{10} = 2\frac{1}{10}$

대분수를 가분수로 바꾸기   분수의 나눗셈을 분수의 곱셈으로 바꾸어 계산하기

1~10 계산을 하여 기약분수로 나타내시오.

1 $\frac{2}{3} \div 8 \times 7$

2 $\frac{5}{4} \div 10 \times 6$

3 $\frac{4}{9} \div 6 \div 3$

4 $1\frac{3}{5} \times 15 \div 8$

5 $2\frac{1}{6} \div 4 \times 12$

6 $\frac{7}{8} \times 16 \div 21$

7 $3\frac{3}{5} \times 20 \div 9$

8 $\frac{20}{13} \div 15 \times 26$

9 $3\frac{4}{7} \div 25 \div 5$

10 $\frac{5}{16} \div 10 \div 4$

11 $2\dfrac{1}{4} \div 3 \times 8$

18 $3\dfrac{2}{9} \times 18 \div 2$

대분수를 가분수로 바꾼 후 계산해요.

12 $3\dfrac{2}{3} \times 2 \div 4$

19 $\dfrac{19}{6} \times 12 \div 3$

13 $1\dfrac{7}{8} \div 5 \div 10$

20 $\dfrac{14}{15} \div 28 \times 5$

14 $\dfrac{16}{9} \times 9 \div 6$

21 $\dfrac{20}{7} \div 14 \div 30$

15 $\dfrac{13}{6} \div 7 \times 12$

22 $6\dfrac{1}{4} \div 15 \times 16$

16 $2\dfrac{4}{5} \div 14 \times 5$

23 $\dfrac{13}{18} \div 7 \times 9$

17 $1\dfrac{5}{7} \times 21 \div 6$

24 $4\dfrac{5}{6} \times 6 \div 5$

25~34 빈 곳에 알맞은 기약분수를 써넣으시오.

25
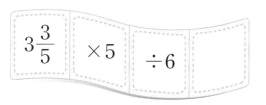
$3\frac{3}{5}$ | $\times 5$ | $\div 6$

26
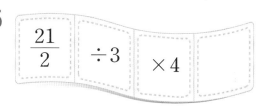
$\frac{21}{2}$ | $\div 3$ | $\times 4$

27
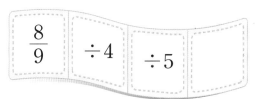
$\frac{8}{9}$ | $\div 4$ | $\div 5$

28
$1\frac{7}{8}$ | $\times 6$ | $\div 10$

29
$\frac{15}{16}$ | $\times 8$ | $\div 12$

30
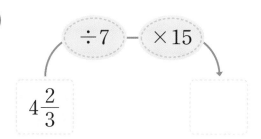
$\div 7$ — $\times 15$
$4\frac{2}{3}$

31
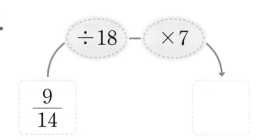
$\div 18$ — $\times 7$
$\frac{9}{14}$

32
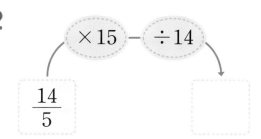
$\times 15$ — $\div 14$
$\frac{14}{5}$

33
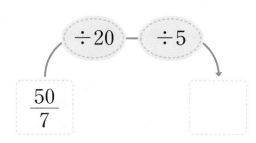
$\div 20$ — $\div 5$
$\frac{50}{7}$

34
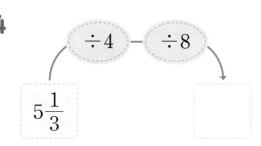
$\div 4$ — $\div 8$
$5\frac{1}{3}$

숨은 그림 찾기

다음 그림에서 숨은 그림 5개를 모두 찾아 ○표 하시오.

> 팽이, 지팡이, 깔때기, 자, 붓

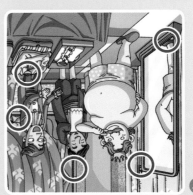

교과서 분수의 나눗셈

16 분수와 자연수의 혼합 계산 (2)

예 $3\frac{1}{2} \div 21 \times 8 = \frac{7}{2} \div 21 \times 8 = \overset{1}{\underset{1}{\cancel{\frac{7}{2}}}} \times \underset{3}{\cancel{\frac{1}{21}}} \times \overset{4}{\cancel{8}} = \frac{4}{3} = 1\frac{1}{3}$

대분수를 가분수로 바꾸기

분수의 나눗셈을 분수의 곱셈으로 바꾸어 계산하기

대분수를 가분수로
바꾼 다음 분수의 나눗셈을
분수의 곱셈으로 바꾸어
계산해요!

1~10 계산을 하여 기약분수로 나타내시오.

1 $\frac{3}{8} \times 16 \div 9$

6 $\frac{2}{7} \div 4 \times 3$

2 $\frac{11}{6} \times 9 \div 22$

7 $2\frac{1}{4} \div 6 \times 2$

3 $1\frac{4}{9} \div 13 \times 18$

8 $\frac{4}{5} \div 6 \div 5$

4 $2\frac{2}{3} \div 32 \div 5$

9 $1\frac{3}{7} \times 14 \div 8$

5 $\frac{5}{12} \div 10 \div 3$

10 $\frac{20}{13} \div 4 \times 8$

11 $\dfrac{17}{6} \times 9 \div 6$

18 $\dfrac{3}{5} \div 18 \times 5$

분수의 나눗셈을
분수의 곱셈으로
바꾸어 계산해요.

12 $2\dfrac{2}{9} \div 30 \times 12$

19 $\dfrac{6}{19} \times 2 \div 12$

13 $2\dfrac{4}{5} \div 7 \times 10$

20 $\dfrac{23}{12} \div 46 \times 24$

14 $2\dfrac{5}{8} \times 6 \div 21$

21 $6\dfrac{3}{4} \div 18 \div 16$

15 $\dfrac{8}{3} \div 4 \times 9$

22 $8\dfrac{2}{3} \div 13 \times 8$

16 $5\dfrac{1}{2} \times 2 \div 6$

23 $\dfrac{15}{16} \div 3 \times 2$

17 $\dfrac{8}{7} \div 5 \div 2$

24 $4\dfrac{1}{6} \times 9 \div 4$

25

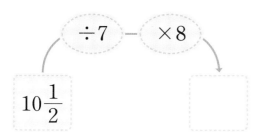

$\div 7$ — $\times 8$

$10\dfrac{1}{2}$

26

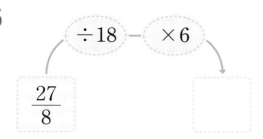

$\div 18$ — $\times 6$

$\dfrac{27}{8}$

27

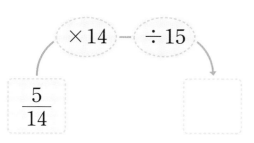

$\times 14$ — $\div 15$

$\dfrac{5}{14}$

28

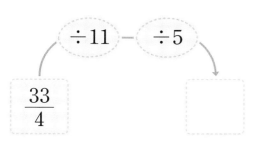

$\div 11$ — $\div 5$

$\dfrac{33}{4}$

29

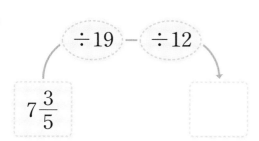

$\div 19$ — $\div 12$

$7\dfrac{3}{5}$

30

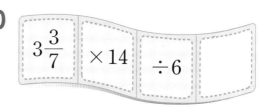

$3\dfrac{3}{7}$ $\times 14$ $\div 6$

31

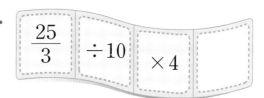

$\dfrac{25}{3}$ $\div 10$ $\times 4$

32

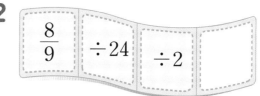

$\dfrac{8}{9}$ $\div 24$ $\div 2$

33

$1\dfrac{5}{6}$ $\times 6$ $\div 22$

34

$\dfrac{15}{14}$ $\times 7$ $\div 18$

미로 찾기

승화는 신선한 공기를 마시러 산에 가려고 합니다. 길을 찾아 선으로 이어 보시오.

교과서 분수의 나눗셈

단원 마무리 연산!

여러 가지 연산 문제로 단원을 마무리하여 연산왕에 도전해 보세요.

공부한 날 　월　 　일　 걸린 시간 분

1~18 계산을 하여 기약분수로 나타내시오.

1 $3 \div 5$

2 $14 \div 18$

3 $20 \div 9$

4 $\dfrac{4}{7} \div 2$

5 $\dfrac{2}{5} \div 8$

6 $\dfrac{8}{15} \div 4$

7 $\dfrac{6}{11} \div 3$

8 $\dfrac{2}{3} \div 2$

9 $\dfrac{4}{5} \div 7$

10 $\dfrac{9}{14} \div 6$

11 $\dfrac{7}{16} \div 28$

12 $\dfrac{19}{22} \div 4$

13 $\dfrac{24}{25} \div 16$

14 $\dfrac{6}{5} \div 12$

15 $\dfrac{9}{4} \div 6$

16 $\dfrac{15}{8} \div 6$

17 $\dfrac{35}{12} \div 10$

18 $\dfrac{16}{9} \div 32$

19~39 계산을 하여 기약분수로 나타내시오.

19 $2\dfrac{1}{5} \div 3$

20 $4\dfrac{2}{3} \div 16$

21 $6\dfrac{1}{8} \div 14$

22 $3\dfrac{3}{4} \div 3$

23 $8\dfrac{1}{3} \div 15$

24 $2\dfrac{4}{5} \div 20$

25 $5\dfrac{1}{3} \div 24$

26 $4\dfrac{2}{7} \div 5$

27 $3\dfrac{3}{5} \div 9$

28 $4\dfrac{7}{8} \div 13$

29 $3\dfrac{1}{5} \div 4$

30 $4\dfrac{4}{9} \div 8$

31 $2\dfrac{1}{12} \div 10$

32 $1\dfrac{5}{11} \div 16$

33 $5\dfrac{1}{8} \div 8$

34 $2\dfrac{5}{6} \div 4$

35 $24\dfrac{4}{5} \div 8$

36 $2\dfrac{2}{3} \div 10$

37 $3\dfrac{1}{5} \div 6$

38 $8\dfrac{2}{5} \div 12$

39 $7\dfrac{1}{7} \div 10$

40

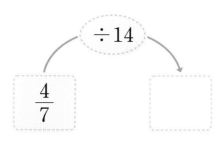

41

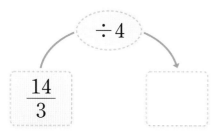

42

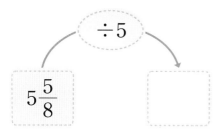

43

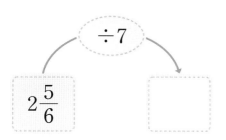

44

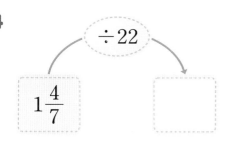

45

$$\frac{7}{18} \rightarrow \boxed{\div 21} \rightarrow \square$$

46

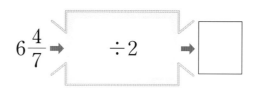

$$\frac{20}{3} \rightarrow \boxed{\div 5} \rightarrow \square$$

47

$$6\frac{4}{7} \rightarrow \boxed{\div 2} \rightarrow \square$$

48

$$2\frac{9}{13} \rightarrow \boxed{\div 10} \rightarrow \square$$

49

$$2\frac{2}{5} \rightarrow \boxed{\div 16} \rightarrow \square$$

50

넓이가 $\frac{24}{25}$ cm²인 평행사변형이 있습니다. 이 평행사변형의 밑변이 3 cm일 때 높이는 몇 cm입니까?

식 _____

답 _____

51

약수터에서 물을 $\frac{20}{3}$ L 받아왔습니다. 이 물을 4통에 똑같이 나누어 담아 이웃들에게 나누어 주려고 합니다. 한 통에 물을 몇 L씩 담아야 합니까?

식 _____

답 _____

52

똑같은 축구공 5개의 무게는 $2\frac{1}{7}$ kg입니다. 축구공 한 개의 무게는 몇 kg입니까?

식 _____

답 _____

Check! 채점하여 자신의 실력을 확인해 보세요!

맞힌 개수	50개 이상	연산왕! 참 잘했어요!
	36~49개	틀린 문제를 점검해요!
개/52개	35개 이하	차근차근 다시 풀어요!

엄마의 확인 Note 칭찬할 점과 주의할 점을 써주세요!

정답확인

칭찬	
주의	

쏙셈 11권 **17일** - 4

교과서 소수의 나눗셈

1 자연수의 나눗셈을 이용하여 (소수)÷(자연수) 알아보기

공부한 날   월   일

✅ 나누어지는 수가 $\frac{1}{10}$배, $\frac{1}{100}$배가 되면 몫도 $\frac{1}{10}$배, $\frac{1}{100}$배가 되므로 자연수의 나눗셈을 이용하여 (소수)÷(자연수)의 몫을 구할 수 있습니다.

예

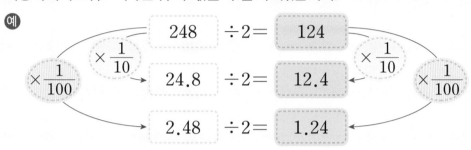

1~6 □ 안에 알맞은 수를 써넣으시오.

1 $336 \div 3 = 112$

$33.6 \div 3 = \boxed{}$

$3.36 \div 3 = \boxed{}$

4 $565 \div 5 = 113$

$56.5 \div 5 = \boxed{}$

$5.65 \div 5 = \boxed{}$

2 $684 \div 2 = 342$

$68.4 \div 2 = \boxed{}$

$6.84 \div 2 = \boxed{}$

5 $864 \div 4 = 216$

$86.4 \div 4 = \boxed{}$

$8.64 \div 4 = \boxed{}$

3 $568 \div 4 = 142$

$56.8 \div 4 = \boxed{}$

$5.68 \div 4 = \boxed{}$

6 $723 \div 3 = 241$

$72.3 \div 3 = \boxed{}$

$7.23 \div 3 = \boxed{}$

7~16 보기와 같이 자연수의 나눗셈을 이용하여 소수의 나눗셈을 하시오.

보기

$$963 \div 3 = 321$$
$$96.3 \div 3 = 32.1$$
$$9.63 \div 3 = 3.21$$

7 $286 \div 2$

$28.6 \div 2$

$2.86 \div 2$

8 $696 \div 6$

$69.6 \div 6$

$6.96 \div 6$

9 $884 \div 4$

$88.4 \div 4$

$8.84 \div 4$

10 $924 \div 7$

$92.4 \div 7$

$9.24 \div 7$

11 $896 \div 8$

$89.6 \div 8$

$8.96 \div 8$

12 $775 \div 5$

$77.5 \div 5$

$7.75 \div 5$

13 $672 \div 3$

$67.2 \div 3$

$6.72 \div 3$

14 $999 \div 9$

$99.9 \div 9$

$9.99 \div 9$

15 $492 \div 4$

$49.2 \div 4$

$4.92 \div 4$

16 $512 \div 2$

$51.2 \div 2$

$5.12 \div 2$

17

÷2

| 464 |
| 46.4 |
| 4.64 |

18

÷3

| 648 |
| 64.8 |
| 6.48 |

19

÷7

| 784 |
| 78.4 |
| 7.84 |

20

÷8

| 992 |
| 99.2 |
| 9.92 |

21

÷	6
798	
79.8	
7.98	

22

÷	2
894	
89.4	
8.94	

23

÷	4
488	
48.8	
4.88	

24

÷	5
595	
59.5	
5.95	

비디오아트 창시자 '백남준'

교과서 소수의 나눗셈

2 몫이 소수 한 자리 수인 (소수)÷(자연수) (1)

✔ 몫이 소수 한 자리 수인 (소수)÷(자연수)의 계산은 자연수의 나눗셈과 같이 계산한 다음 몫의 소수점을 찍습니다. 몫의 소수점은 나누어지는 수의 소수점을 올려 찍습니다.

예

$$
3 \overline{)6.3} \Rightarrow 3 \overline{)\underset{6}{\overset{2.}{6.3}}} \Rightarrow 3 \overline{)\underset{\underset{\underset{0}{3}}{3}}{\overset{2.1}{6.3}}}
$$

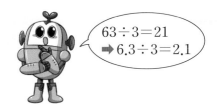

$63 \div 3 = 21$
$\Rightarrow 6.3 \div 3 = 2.1$

1~6 계산을 하시오.

1

$$4 \overline{)5.6}$$

3

$$6 \overline{)3\,4.8}$$

5

$$7 \overline{)1\,1.2}$$

2

$$3 \overline{)7.5}$$

4

$$8 \overline{)3\,3.6}$$

6

$$5 \overline{)1\,0.5}$$

7

$5\overline{)6.5}$

8

$6\overline{)10.2}$

9

$8\overline{)19.2}$

10

$9\overline{)32.4}$

11

$7\overline{)18.9}$

12

$4\overline{)19.2}$

13

$3\overline{)16.8}$

14

$4\overline{)11.6}$

15

$2\overline{)24.4}$

16

$5\overline{)16.5}$

17

$9\overline{)12.6}$

18

$7\overline{)39.2}$

19

$3\overline{)24.3}$

20

$9\overline{)20.7}$

21

$7\overline{)25.2}$

22

$3\overline{)35.1}$

23

$6\overline{)31.8}$

24

$4\overline{)28.8}$

25 $7.2 \div 3$

26 $18.6 \div 2$

27 $12.6 \div 7$

28 $33.5 \div 5$

29 $29.7 \div 9$

30 $47.2 \div 4$

31 $11.4 \div 6$

32 $20.8 \div 8$

33

18.4

$\div 8$

34

25.6

$\div 4$

35

22.5

$\div 9$

36

24.6

$\div 6$

37

50.4

$\div 7$

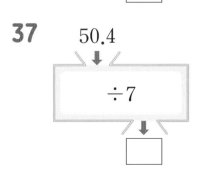

먹고 싶은 빵 찾기

지윤이는 빵을 먹으려고 합니다. 주어진 계산식이 맞으면 빨간색 화살표(→)를, 틀리면 파란색 화살표(→)를 따라가면 지윤이가 먹으려는 빵을 찾을 수 있습니다. 빵의 이름을 쓰시오.

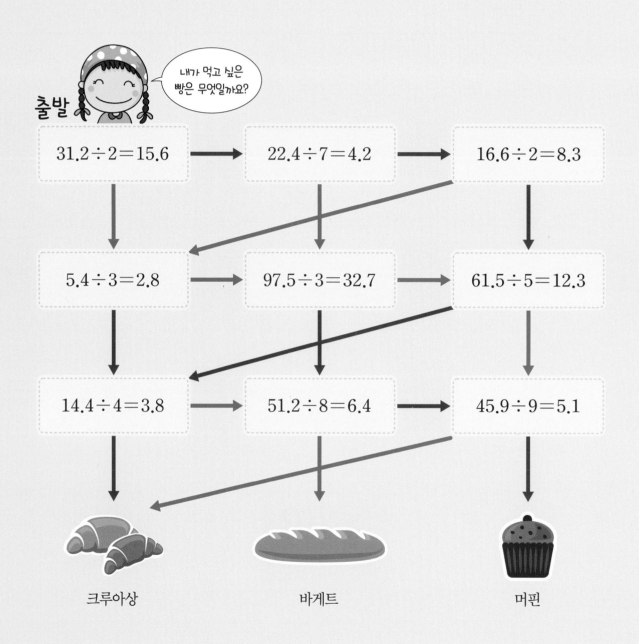

풀 이

답 _____

교과서 소수의 나눗셈

③ 몫이 소수 한 자리 수인 (소수)÷(자연수) (2)

공부한날 월 일

예
```
       4.2
   4)1 6.8
     1 6
         8
         8
         0
```

 세로로 계산할 때에는 소수점의 자리를 잘 맞추어야 해요.

 소수를 분수로 바꿔서 분수의 나눗셈을 이용하여 몫을 구할 수도 있어요.

1~9 계산을 하시오.

1
```
6)8.4
```

4
```
9)1 5.3
```

7
```
1 1)3 9.6
```

2
```
7)1 3.3
```

5
```
8)6 0.8
```

8
```
1 4)3 7.8
```

3
```
5)2 2.5
```

6
```
4)1 2.4
```

9
```
1 2)2 7.6
```

10~29 계산을 하시오.

10
$$8 \overline{)9.6}$$

11
$$2 \overline{)1\ 1.8}$$

12
$$7 \overline{)2\ 6.6}$$

13
$$6 \overline{)1\ 6.2}$$

14
$$15 \overline{)7\ 0.5}$$

15
$$11 \overline{)4\ 1.8}$$

16
$$16 \overline{)2\ 2.4}$$

17
$$9 \overline{)5\ 4.9}$$

18
$$17 \overline{)6\ 2.9}$$

19
$$3 \overline{)2\ 5.2}$$

20
$$12 \overline{)5\ 1.6}$$

21
$$7 \overline{)2\ 9.4}$$

22 $6.4 \div 4$

23 $39.6 \div 12$

24 $20.5 \div 5$

25 $19.6 \div 7$

26 $51.2 \div 16$

27 $29.7 \div 9$

28 $34.2 \div 18$

29 $66.6 \div 9$

30
| 61.5 | ÷ 5 | |

31
| 46.8 | ÷ 6 | |

32
| 20.8 | ÷ 8 | |

33
| 15.6 | ÷ 13 | |

34
| 58.5 | ÷ 15 | |

35
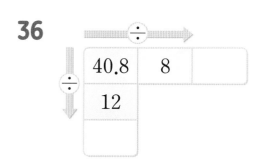

| 11.2 | 4 | |
| 7 | | |

36
| 40.8 | 8 | |
| 12 | | |

37
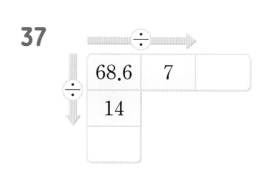

| 68.6 | 7 | |
| 14 | | |

38
| 21.6 | 6 | |
| 18 | | |

빙고 놀이

진숙이와 석민이가 빙고 놀이를 하고 있습니다. 빙고 놀이에서 이긴 사람의 이름을 쓰시오.

<빙고 놀이 방법>

1. 가로, 세로 5칸인 놀이판에 0보다 크고 10보다 작은 소수 한 자리 수를 자유롭게 적은 다음 진숙이부터 서로 번갈아 가며 수를 말합니다.
2. 자신과 상대방이 말하는 수에 ✕표 합니다.
3. 가로, 세로, 대각선 중 한 줄에 있는 5개의 수에 모두 ✕표 한 경우 '빙고'를 외칩니다.
4. 먼저 '빙고'를 외치는 사람이 이깁니다.

진숙이의 놀이판

0.6	4.8	6.5	✕	3.2
5.6	7.6	✕	0.7	✕
7.2	✕	8.4	4.5	1.6
3.5	1.8	4.6	9.4	✕
5.2	8.8	9.2	1.2	✕

석민이의 놀이판

1.8	4.8	3.6	9.2	✕
3.2	✕	✕	✕	0.6
✕	0.2	1.6	7.2	2.4
2.7	6.6	4.5	8.6	6.3
3.5	✕	7.6	5.6	9.5

9.6÷6을 계산한 값

진숙

44.8÷14를 계산한 값

석민

풀 이

답 _____

교과서 소수의 나눗셈

4 몫이 소수 한 자리 수인 (소수)÷(자연수) (3)

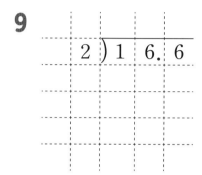

공부한날 월 일

1~12 계산을 하시오.

1

```
      3. 2
  3 ) 9. 6
      9
      6
      6
      0
```

2

```
  2 ) 3. 6
```

3

```
  6 ) 7. 8
```

4

```
  8 ) 1 2. 8
```

5

```
  7 ) 1 8. 9
```

6

```
  5 ) 3 4. 5
```

7

```
  6 ) 5 4. 6
```

8

```
  1 1 ) 4 0. 7
```

9

```
  2 ) 1 6. 6
```

10

```
  3 ) 1 3. 2
```

11

```
  7 ) 2 6. 6
```

12

```
  1 3 ) 3 1. 2
```

13
$$2 \overline{)4.8}$$

14
$$5 \overline{)9.5}$$

15
$$9 \overline{)13.5}$$

16
$$8 \overline{)23.2}$$

17
$$7 \overline{)32.9}$$

18
$$11 \overline{)79.2}$$

19
$$4 \overline{)9.2}$$

20
$$9 \overline{)48.6}$$

21
$$12 \overline{)81.6}$$

22
$$6 \overline{)13.8}$$

23
$$6 \overline{)56.4}$$

24
$$4 \overline{)62.8}$$

25 $12.4 \div 4$

26 $28.5 \div 3$

27 $52.8 \div 8$

28 $25.5 \div 15$

29 $82.2 \div 3$

30 $68.4 \div 6$

31 $47.7 \div 9$

32 $45.5 \div 13$

33 5.1 ↓ ÷ 3

34 10.4 ↓ ÷ 8

35 34.8 ↓ ÷ 4

36 68.4 ↓ ÷ 9

37 81.6 ↓ ÷ 12

38 ÷

| 8.6 | 2 | |
| 26.4 | 8 | |

39 ÷

| 26.8 | 4 | |
| 38.5 | 7 | |

40 ÷

| 31.5 | 15 | |
| 88.2 | 14 | |

41 ÷

| 27.6 | 6 | |
| 59.5 | 5 | |

42 ÷

| 93.8 | 7 | |
| 94.2 | 3 | |

크레파스 찾기

별아는 미술 시간에 크레파스로 그림을 그리려고 합니다. 6개의 크레파스 중 계산 결과가 5보다 작은 크레파스만 사용하려고 할 때 별아가 사용하는 크레파스는 모두 몇 개입니까?

교과서 소수의 나눗셈

5 몫이 소수 두 자리 수인 (소수)÷(자연수) (1)

공부한 날   월   일

✓ 몫이 소수 두 자리 수인 (소수)÷(자연수)의 계산은 자연수의 나눗셈과 같이 계산한 다음 몫의
  소수점을 찍습니다. 몫의 소수점은 나누어지는 수의 소수점을 올려 찍습니다.

예

$$
\begin{array}{r} \\[-0.5em] 4\,)\overline{\,5.2\,8} \end{array}
\Rightarrow
\begin{array}{r} 1. \\ 4\,)\overline{\,5.2\,8} \\ \underline{4} \\ 1\,2 \end{array}
\Rightarrow
\begin{array}{r} 1.3 \\ 4\,)\overline{\,5.2\,8} \\ \underline{4} \\ 1\,2 \\ \underline{1\,2} \\ 8 \end{array}
\Rightarrow
\begin{array}{r} 1.3\,2 \\ 4\,)\overline{\,5.2\,8} \\ \underline{4} \\ 1\,2 \\ \underline{1\,2} \\ 8 \\ \underline{8} \\ 0 \end{array}
$$

1~6 계산을 하시오.

1

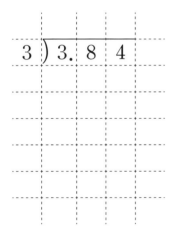

$3\,)\,3.\,8\,4$

3

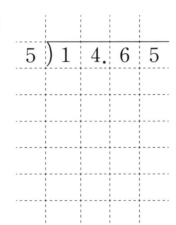

$5\,)\,1\,4.\,6\,5$

5

$7\,)\,3\,1.\,0\,1$

2

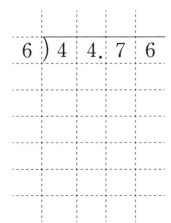

$6\,)\,4\,4.\,7\,6$

4

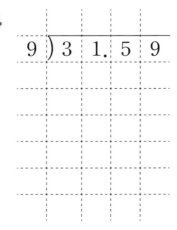

$9\,)\,3\,1.\,5\,9$

6

$8\,)\,2\,5.\,9\,2$

7 7)9.6 6

13 6)5 6.9 4

19 3)8.7 3

8 5)5 6.4 5

14 8)4 2.5 6

20 6)8 6.0 4

9 4)8.9 6

15 7)7 8.6 1

21 5)4 1.2 5

10 6)8 7.1 2

16 9)4 0.2 3

22 2)2 2.5 4

11 3)4 6.1 7

17 5)7.6 5

23 7)7 9.6 6

12 8)9.3 6

18 9)3 0.4 2

24 4)3 5.4 8

25 19.32 ÷ 7

26 10.56 ÷ 3

27 7.56 ÷ 6

28 34.16 ÷ 8

29 78.75 ÷ 7

30 30.24 ÷ 4

31 66.95 ÷ 5

32 76.32 ÷ 9

33~37 빈 곳에 소수를 자연수로 나눈 몫을 써 넣으시오.

33

19.06	2

34

7.32	4

35

9.73	7

36

52.02	6

37

34.48	8

사다리 타기

사다리 타기는 줄을 따라 내려가다가 가로로 놓인 선을 만나면 가로 선을 따라 맨 아래까지 내려 가는 놀이입니다. 주어진 식의 계산 결과를 사다리를 타고 내려가서 도착한 곳에 써넣으시오.

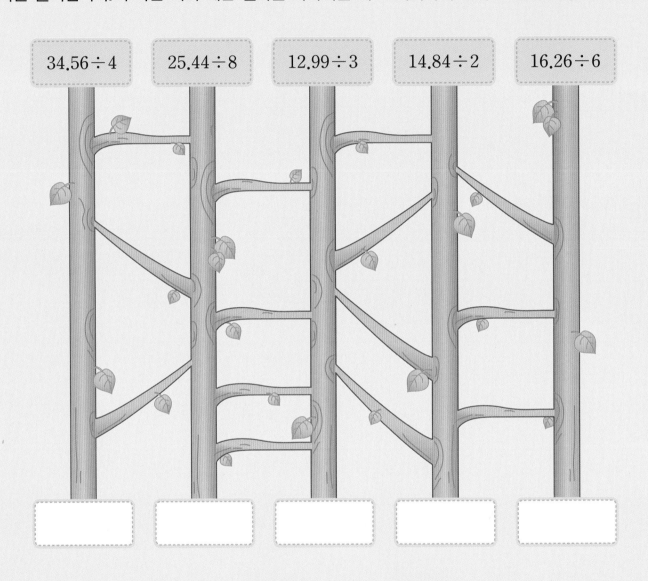

교과서 소수의 나눗셈

6 몫이 소수 두 자리 수인 (소수)÷(자연수) (2)

공부한 날 　월　일

예
$$
\begin{array}{r}
2.15 \\
5\,)\overline{10.75} \\
\underline{10} \\
7 \\
\underline{5} \\
25 \\
\underline{25} \\
0
\end{array}
$$

 자연수의 나눗셈과 같이 계산한 다음 몫의 소수점을 찍어요.

 몫의 소수점은 나누어지는 수의 소수점을 올려 찍어요.

1~6 계산을 하시오.

1
$$4\,)\overline{5.36}$$

3
$$7\,)\overline{10.08}$$

5
$$11\,)\overline{35.86}$$

2
$$6\,)\overline{81.36}$$

4
$$2\,)\overline{71.82}$$

6
$$5\,)\overline{56.15}$$

7

$$6 \overline{)7.74}$$

8

$$7 \overline{)87.15}$$

9

$$9 \overline{)71.55}$$

10

$$12 \overline{)74.76}$$

11

$$5 \overline{)9.25}$$

12

$$8 \overline{)57.68}$$

13

$$9 \overline{)22.95}$$

14

$$7 \overline{)99.89}$$

15

$$15 \overline{)67.95}$$

16

$$6 \overline{)73.92}$$

17

$$11 \overline{)56.98}$$

18

$$4 \overline{)57.88}$$

19 $18.64 \div 8$

20 $9.59 \div 7$

21 $97.37 \div 13$

22 $66.12 \div 4$

23 $76.44 \div 6$

24 $64.65 \div 15$

25 $47.16 \div 9$

26 $54.75 \div 3$

27~36 빈 곳에 알맞은 수를 써넣으시오.

27

78.72 ➡ | ÷ 6 | ➡ ▭

28

98.54 ➡ | ÷ 13 | ➡ ▭

29

91.92 ➡ | ÷ 8 | ➡ ▭

30

63.15 ➡ | ÷ 5 | ➡ ▭

31

72.24 ➡ | ÷ 14 | ➡ ▭

32

4.92 — ÷ 4 → ▭

33

72.95 — ÷ 5 → ▭

34

69.78 — ÷ 6 → ▭

35

35.62 — ÷ 13 → ▭

36

29.96 — ÷ 7 → ▭

Check! 채점하여 자신의 실력을 확인해 보세요!

맞힌 개수	34개 이상	연산왕! 참 잘했어요!
개/36개	25~33개	틀린 문제를 점검해요!
	24개 이하	차근차근 다시 풀어요!

엄마의 확인 Note 칭찬할 점과 주의할 점을 써주세요!

정답확인

칭찬	
주의	

다른 그림 찾기

아래 사진에서 위 사진과 다른 부분 5군데를 모두 찾아 ○표 하시오.

교과서 소수의 나눗셈

7 몫이 소수 두 자리 수인 (소수)÷(자연수) (3)

집중하여 정확하고 빠르게 문제를 풀어 보세요.

공부한 날 　월　　일　

1~9 계산을 하시오.

1
```
        3. 1 8
   2 ) 6. 3 6
        6
           3
           2
           1 6
           1 6
             0
```

2
```
   5 ) 7. 9 5
```

3
```
   6 ) 1 9. 5 6
```

4
```
   3 ) 6. 7 2
```

5
```
   8 ) 3 4. 9 6
```

6
```
   1 1 ) 5 6. 3 2
```

7
```
   4 ) 8. 5 6
```

8
```
   7 ) 1 0. 6 4
```

9
```
   1 2 ) 7 3. 6 8
```

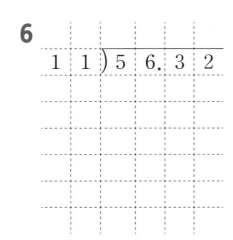

10

$3)\overline{9.4\ 5}$

11

$4)\overline{1\ 7.4\ 4}$

12

$6)\overline{3\ 3.1\ 8}$

13

$9)\overline{3\ 2.1\ 3}$

14

$13)\overline{6\ 6.8\ 2}$

15

$16)\overline{4\ 0.6\ 4}$

16

$4)\overline{5.2\ 8}$

17

$2)\overline{1\ 3.7\ 6}$

18

$8)\overline{2\ 7.9\ 2}$

19

$11)\overline{2\ 9.8\ 1}$

20

$12)\overline{3\ 8.7\ 6}$

21

$14)\overline{5\ 8.3\ 8}$

22 $5.49 \div 3$

23 $30.65 \div 5$

24 $12.84 \div 6$

25 $27.58 \div 7$

26 $55.08 \div 9$

27 $19.92 \div 12$

28 $41.86 \div 13$

29 $53.72 \div 17$

30~34 빈 곳에 소수를 자연수로 나눈 몫을 써넣으시오.

35~38 빈 곳에 알맞은 수를 써넣으시오.

30

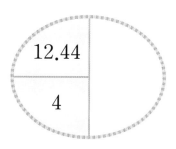

12.44

4

31

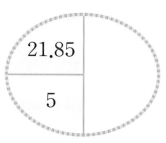

21.85

5

32

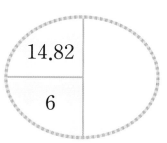

14.82

6

33

88.92

12

34

91.95

15

35

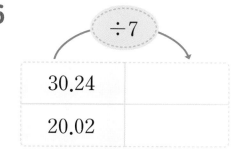

÷3

| 16.41 | |
| 18.75 | |

36

÷7

| 30.24 | |
| 20.02 | |

37

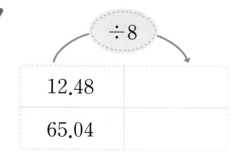

÷8

| 12.48 | |
| 65.04 | |

38

÷11

| 35.75 | |
| 70.73 | |

범인은 누구일까요?

바구니 속 과일을 누가 몰래 먹고 도망쳤습니다. 범인은 보기 를 만족하는 수를 말하고 있다고 할 때 아래 동물들 중 범인을 알아보시오.

보기

- 35.42÷14를 계산한 값보다 큽니다.
- 40.95÷13을 계산한 값보다 작습니다.
- 소수 두 자리 수입니다.

| 2.51 | 2.534 | 3.04 | 3.16 |
| 말 | 토끼 | 원숭이 | 돼지 |

풀 이

답 _____

교과서 소수의 나눗셈

8 몫이 1보다 작은 (소수)÷(자연수) (1)

✔ 몫이 1보다 작은 (소수)÷(자연수)의 계산은 몫의 자연수 자리에 0을 쓰고 소수점을 찍은 다음 자연수의 나눗셈과 같은 방법으로 계산합니다.

예

$$7)\overline{3.5} \Rightarrow 7)\overline{3.5} \Rightarrow 7)\overline{3.5}$$

$$35 \div 7 = 5$$
$$\Rightarrow 3.5 \div 7 = 0.5$$

1~9 계산을 하시오.

1

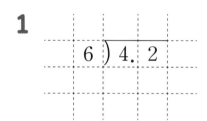

$$6)\overline{4.2}$$

4

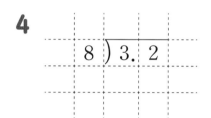

$$8)\overline{3.2}$$

7

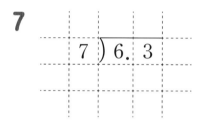

$$7)\overline{6.3}$$

2

$$4)\overline{2.12}$$

5

$$5)\overline{1.85}$$

8

$$12)\overline{9.12}$$

3

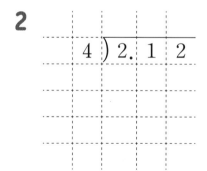

$$9)\overline{1.89}$$

6

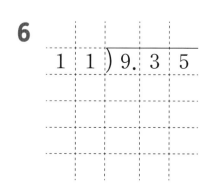

$$11)\overline{9.35}$$

9

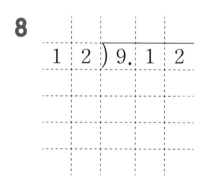

$$14)\overline{7.28}$$

10

$8 \overline{)7.2}$

11

$5 \overline{)1.5}$

12

$3 \overline{)1.6\ 5}$

13

$14 \overline{)5.6}$

14

$12 \overline{)9.8\ 4}$

15

$4 \overline{)1.7\ 2}$

16

$6 \overline{)3.8\ 4}$

17

$15 \overline{)1\ 0.9\ 5}$

18

$7 \overline{)1.7\ 5}$

19

$23 \overline{)4.3\ 7}$

20

$9 \overline{)5.2\ 2}$

21

$24 \overline{)1\ 4.6\ 4}$

22

$18 \overline{)5.0\ 4}$

23

$13 \overline{)6.1\ 1}$

24

$26 \overline{)5.2}$

25

$8 \overline{)6.6\ 4}$

26

$25 \overline{)2\ 2.5}$

27

$14 \overline{)8.6\ 8}$

28 $2.4 \div 4$

29 $1.44 \div 6$

30 $1.28 \div 8$

31 $2.45 \div 5$

32 $11.2 \div 14$

33 $8.1 \div 27$

34 $1.92 \div 16$

35 $3.99 \div 7$

36

÷	2	3	6
1.2	0.6		

37

÷	4	6	12
3.72			

38

÷	21	7	14
4.62			

39

÷	3	5	15
2.55			

40

÷	8	4	2
1.84			

Check! 채점하여 자신의 실력을 확인해 보세요!

맞힌 개수	38개 이상	연산왕! 참 잘했어요!
	28~37개	틀린 문제를 점검해요!
개/40개	27개 이하	차근차근 다시 풀어요!

엄마의 확인 Note 칭찬할 점과 주의할 점을 써주세요!

정답확인

칭찬	
주의	

맛있는 요리법

다음은 바닐라 아이스크림 요리법입니다. 엄마와 함께 순서에 따라 요리해 보세요.

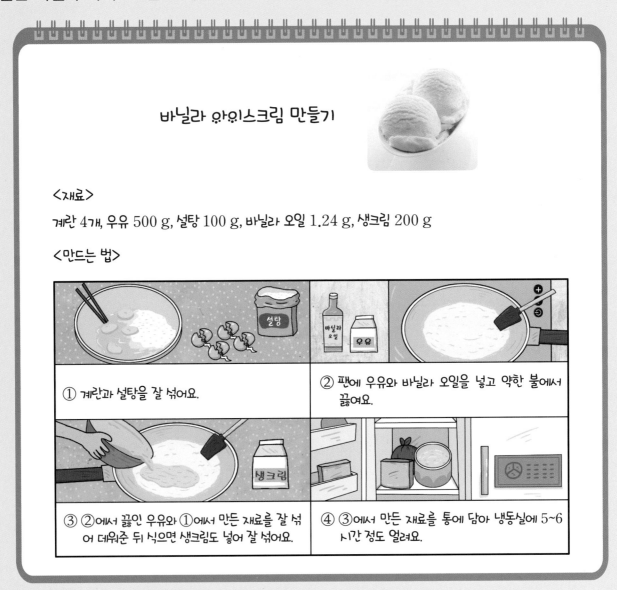

바닐라 아이스크림 만들기

<재료>

계란 4개, 우유 500 g, 설탕 100 g, 바닐라 오일 1.24 g, 생크림 200 g

<만드는 법>

① 계란과 설탕을 잘 섞어요.

② 팬에 우유와 바닐라 오일을 넣고 약한 불에서 끓여요.

③ ②에서 끓인 우유와 ①에서 만든 재료를 잘 섞어 데워준 뒤 식으면 생크림도 넣어 잘 섞어요.

④ ③에서 만든 재료를 통에 담아 냉동실에 5~6시간 정도 얼려요.

현석이는 위의 요리법에 나와 있는 모든 재료의 양을 반으로 줄여서 아이스크림을 만들었습니다. 현석이가 사용한 바닐라 오일의 양은 몇 g입니까?

풀 이

답 _____

교과서 소수의 나눗셈

9 몫이 1보다 작은 (소수)÷(자연수) (2)

예
```
    0.4 8
6 ) 2.8 8
    2 4
      4 8
      4 8
        0
```

(소수) ÷ (자연수)에서
(소수) < (자연수)이면
몫이 1보다 작아요.

몫의
자연수 부분에
0을 쓰면 돼요.

1~9 계산을 하시오.

1
```
5 ) 2. 5
```

4
```
6 ) 5. 4
```

7
```
8 ) 2. 4
```

2
```
9 ) 1. 6 2
```

5
```
7 ) 1. 4 7
```

8
```
8 ) 4. 7 2
```

3
```
4 ) 3. 1 2
```

6
```
1 5 ) 2. 8 5
```

9
```
1 8 ) 7. 7 4
```

10

$$3 \overline{\smash{)}\,2.7}$$

11

$$7 \overline{\smash{)}\,4.9}$$

12

$$8 \overline{\smash{)}\,4.8}$$

13

$$5 \overline{\smash{)}\,1.4\,5}$$

14

$$9 \overline{\smash{)}\,7.8\,3}$$

15

$$12 \overline{\smash{)}\,1.6\,8}$$

16

$$7 \overline{\smash{)}\,6.3\,7}$$

17

$$11 \overline{\smash{)}\,6.1\,6}$$

18

$$4 \overline{\smash{)}\,1.5\,2}$$

19

$$21 \overline{\smash{)}\,1\,8.2\,7}$$

20

$$11 \overline{\smash{)}\,2.7\,5}$$

21

$$15 \overline{\smash{)}\,6.4\,5}$$

22 $2.8 \div 4$

23 $4.65 \div 5$

24 $5.52 \div 8$

25 $4.62 \div 11$

26 $10.4 \div 13$

27 $8.25 \div 25$

28 $2.04 \div 6$

29 $7.83 \div 27$

30

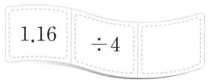

| 2.52 | ÷9 | |

31

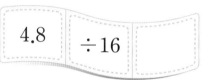

| 1.16 | ÷4 | |

32

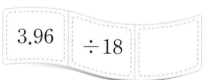

| 4.8 | ÷16 | |

33

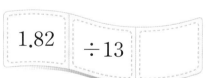

| 3.96 | ÷18 | |

34

| 1.82 | ÷13 | |

35

÷ →

5.6	7	
1.6	4	

36

÷ →

2.28	3	
6.96	8	

37

÷ →

5.27	17	
6.72	16	

38

÷ →

2.43	9	
7.2	18	

39

÷ →

2.25	5	
4.56	24	

고사성어

다음 식의 계산 결과에 해당하는 글자를 보기 에서 찾아 표의 빈칸에 차례로 써넣으면 고사성어가 완성됩니다. 완성된 고사성어를 쓰시오.

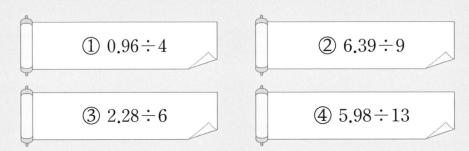

① 0.96÷4

② 6.39÷9

③ 2.28÷6

④ 5.98÷13

보기

0.59	0.24	0.12	0.46	0.36	0.71	0.43	0.38	0.51	0.64
사	유	초	종	다	유	익	상	초	면

①	②	③	④

완성된 고사성어는 생각이나 가치가 비슷한 사람끼리 어울려 다닌다는 뜻이야.

아하! 속담 중에서 '가재는 게 편이다.'라는 말이 떠오르는군!

풀 이

답 _____

교과서 소수의 나눗셈

10 몫이 1보다 작은 (소수)÷(자연수) (3)

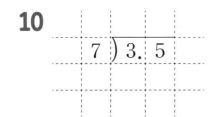

집중하여
정확하고 빠르게
문제를 풀어 보세요.

공부한 날 월 일

걸린 시간 분

1~12 계산을 하시오.

1
```
      0. 4
  9 ) 3. 6
      3  6
         0
```

2
```
  6 ) 1. 8
```

3
```
  4 ) 3. 5 6
```

4
```
  2 ) 1. 6 6
```

5
```
  8 ) 6. 4
```

6
```
  3 ) 1. 5
```

7
```
  5 ) 2. 7 5
```

8
```
  1 1 ) 6. 2 7
```

9
```
  5 ) 4. 5
```

10
```
  7 ) 3. 5
```

11
```
  1 2 ) 8. 0 4
```

12
```
  1 3 ) 5. 5 9
```

13~32 계산을 하시오.

13
$6 \overline{)\, 5.4}$

14
$9 \overline{)\, 6.3}$

15
$5 \overline{)\, 1.6\,5}$

16
$6 \overline{)\, 5.7\,6}$

17
$12 \overline{)\, 3.2\,4}$

18
$16 \overline{)\, 9.6}$

19
$8 \overline{)\, 3.9\,2}$

20
$15 \overline{)\, 1.9\,5}$

21
$4 \overline{)\, 3.3\,2}$

22
$25 \overline{)\, 9.2\,5}$

23
$3 \overline{)\, 1.7\,4}$

24
$32 \overline{)\, 2\,2.7\,2}$

25 $3.2 \div 8$

26 $4.2 \div 14$

27 $1.18 \div 2$

28 $3.08 \div 11$

29 $22.95 \div 27$

30 $10.88 \div 17$

31 $3.16 \div 4$

32 $6.48 \div 24$

33

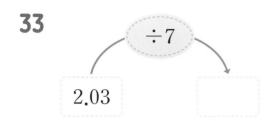

34

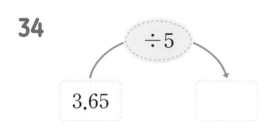

35

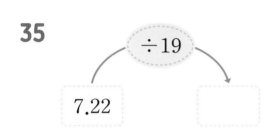

36

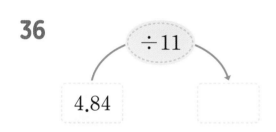

37

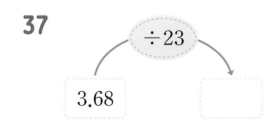

38

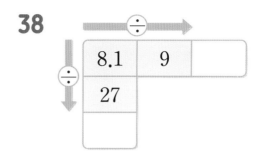

39

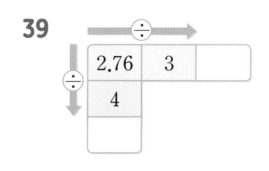

40

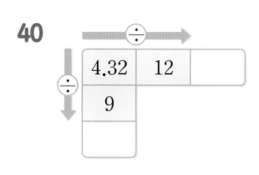

41

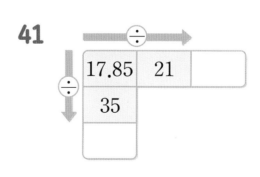

다른 그림 찾기

아래 사진에서 위 사진과 다른 부분 5군데를 모두 찾아 ○표 하시오.

교과서 소수의 나눗셈

11 소수점 아래 0을 내려 계산해야 하는 (소수)÷(자연수) (1)

공부한 날   월   일

✅ (소수)÷(자연수)의 계산에서 나누어떨어지지 않는 경우에는 나누어지는 수의 오른쪽 끝자리에 0이 계속 있는 것으로 생각하고 0을 내려 계산합니다.

예

```
    1.              1.5             1.5 2
5) 7.6    ➡    5) 7.6    ➡    5) 7.6 0
   5               5               5
   2 6             2 6             2 6
                   2 5             2 5
                     1             1 0
                                   1 0
                                     0
```

소수점 아래에서 나누어떨어지지 않으므로 0을 내려 계산해야 해요.

1~6 계산을 하시오.

1

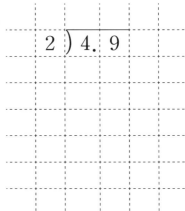

```
  2) 4. 9
```

3

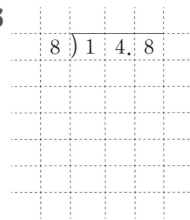

```
  8) 1 4. 8
```

5

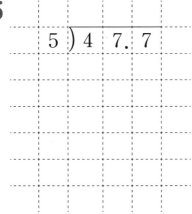

```
  5) 4 7. 7
```

2

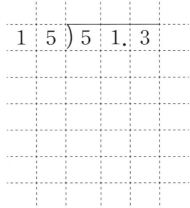

```
1 5) 5 1. 3
```

4

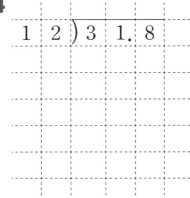

```
1 2) 3 1. 8
```

6

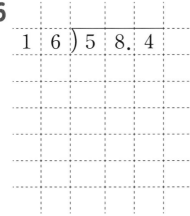

```
1 6) 5 8. 4
```

7~32 계산을 하시오.

7

$6 \overline{)\ 2\ 2.5}$

8

$5 \overline{)\ 9.3}$

9

$2 \overline{)\ 1\ 4.5}$

10

$15 \overline{)\ 2\ 2.2}$

11

$8 \overline{)\ 7\ 7.2}$

12

$14 \overline{)\ 3\ 7.1}$

13

$4 \overline{)\ 3\ 0.6}$

14

$15 \overline{)\ 5\ 4.3}$

15

$26 \overline{)\ 4\ 8.1}$

16

$12 \overline{)\ 2\ 5.8}$

17

$6 \overline{)\ 5\ 3.7}$

18

$24 \overline{)\ 8\ 2.8}$

19

$25 \overline{)\ 7\ 3.5}$

20

$14 \overline{)\ 4\ 8.3}$

21

$8 \overline{)\ 5\ 8.8}$

22

$5 \overline{)\ 1\ 9.4}$

23

$16 \overline{)\ 2\ 6.4}$

24

$22 \overline{)\ 6\ 2.7}$

25 $29.8 \div 4$

26 $37.8 \div 12$

27 $16.5 \div 2$

28 $7.5 \div 6$

29 $17.2 \div 5$

30 $69.3 \div 15$

31 $68.6 \div 28$

32 $23.2 \div 16$

33~37 빈 곳에 소수를 자연수로 나눈 몫을 써 넣으시오.

33
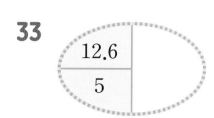

34
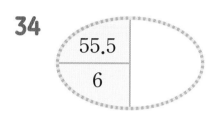

35
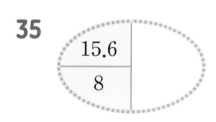

36
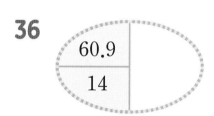

37
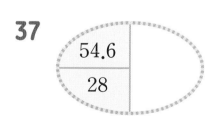

비밀번호는 무엇일까요?

컴퓨터의 비밀번호는 보기 에 있는 계산 결과의 소수 둘째 자리 숫자를 차례로 이어 붙여 쓴 것입니다. 비밀번호를 구하시오.

보기

① $46.9 \div 14$　　② $8.6 \div 5$
③ $35.7 \div 15$　　④ $7.5 \div 6$

컴퓨터를 사용해야 하는데 비밀번호를 모르겠어.

비밀번호
① ② ③ ④

먼저 주어진 나눗셈을 계산해 봐.

풀 이

 답 _____

교과서 소수의 나눗셈

12 소수점 아래 0을 내려 계산해야 하는 (소수)÷(자연수) (2)

공부한 날 　월　일

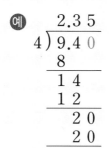

1~6 계산을 하시오.

1

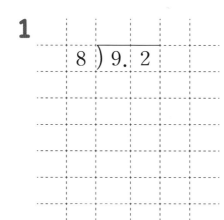

8) 9. 2

3

5) 3 1. 4

5

6) 2 5. 5

2

4) 1 4. 6

4

1 4) 5 1. 1

6

1 8) 4 9. 5

7

$4\overline{)8.6}$

8

$5\overline{)9.1}$

9

$8\overline{)27.6}$

10

$2\overline{)15.5}$

11

$12\overline{)46.2}$

12

$6\overline{)50.7}$

13

$8\overline{)50.8}$

14

$14\overline{)23.1}$

15

$6\overline{)17.7}$

16

$4\overline{)13.4}$

17

$26\overline{)45.5}$

18

$15\overline{)52.2}$

19 $8.7 \div 2$

20 $15.8 \div 5$

21 $22.6 \div 4$

22 $34.8 \div 8$

23 $73.8 \div 12$

24 $47.7 \div 6$

25 $75.9 \div 22$

26 $94.5 \div 14$

27~36 빈 곳에 알맞은 수를 써넣으시오.

27

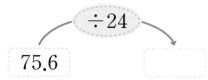

75.6 ÷24

28

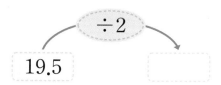

19.5 ÷2

29

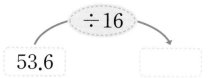

53.6 ÷16

30

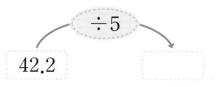

42.2 ÷5

31

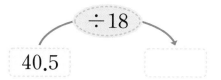

40.5 ÷18

32

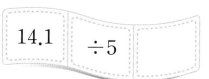

14.1 ÷5

33

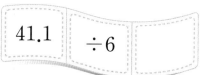

41.1 ÷6

34

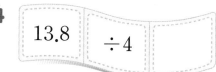

13.8 ÷4

35

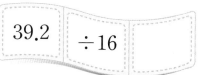

39.2 ÷16

36

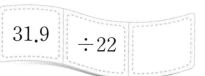

31.9 ÷22

도둑은 누구일까요?

어느 날 한 박물관에 도둑이 들어 전시된 조각상을 훔쳐 갔습니다. 사건 단서 ①, ②, ③의 계산 결과에 해당하는 글자를 사건 단서 해독표에서 찾아 차례로 쓰면 도둑의 이름을 알 수 있습니다. 주어진 사건 단서를 가지고 도둑의 이름을 알아보시오.

사건 단서 ①
34.8 ÷ 8

사건 단서 ②
65.7 ÷ 5

사건 단서 ③
42.6 ÷ 12

사건 현장의 단서를 찾은 다음 오른쪽의 사건 단서 해독표를 이용하여 범인의 이름을 알아봐.

<사건 단서 해독표>

우	2.15	남	7.66	전	6.95	김	4.35
원	3.55	진	5.28	유	15.42	하	3.42
규	2.82	서	13.14	최	6.86	박	5.96
미	6.45	성	3.26	경	9.15	임	7.24

① ② ③
도둑의 이름은 [ ][ ][ ] 입니다.

풀 이

답 _____

교과서 소수의 나눗셈

13 소수점 아래 0을 내려 계산해야 하는 (소수)÷(자연수) (3)

집중하여 정확하고 빠르게 문제를 풀어 보세요.

공부한 날   월   일   걸린 시간   분

1~9 계산을 하시오.

1
```
          1. 1 5
    4 ) 4. 6
        4
          6
          4
          2 0
          2 0
            0
```

2
```
    2 ) 3. 9
```

3
```
    6 ) 2 3. 7
```

4
```
    1 4 ) 8 0. 5
```

5
```
    8 ) 3 9. 6
```

6
```
    1 5 ) 7 2. 6
```

7
```
    2 4 ) 4 4. 4
```

8
```
    1 2 ) 4 1. 4
```

9
```
    2 8 ) 6 0. 2
```

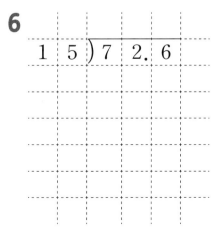
정답과 다르면 자르세요.

10
$$5 \overline{)\ 8.8}$$

11
$$4 \overline{)\ 3\ 3.4}$$

12
$$2 \overline{)\ 9.7}$$

13
$$18 \overline{)\ 6\ 5.7}$$

14
$$4 \overline{)\ 2\ 8.6}$$

15
$$8 \overline{)\ 4\ 9.2}$$

16
$$6 \overline{)\ 9.9}$$

17
$$24 \overline{)\ 7\ 5.6}$$

18
$$5 \overline{)\ 1\ 2.9}$$

19
$$8 \overline{)\ 6\ 1.2}$$

20
$$25 \overline{)\ 6\ 5.5}$$

21
$$2 \overline{)\ 1\ 7.5}$$

22 $8.1 \div 6$

23 $9.4 \div 4$

24 $59.6 \div 8$

25 $33.2 \div 5$

26 $45.5 \div 26$

27 $46.8 \div 24$

28 $83.7 \div 15$

29 $58.2 \div 12$

30

6.5

÷2

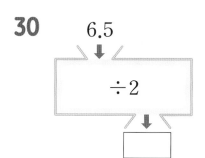

31

15.9

÷6

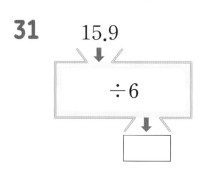

32

83.4

÷15

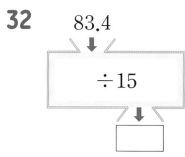

33

59.6

÷8

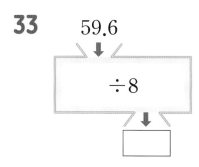

34

71.5

÷22

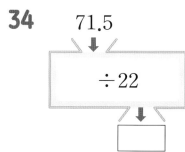

35

→ ÷ →

25.2	8	
55.9	26	

36

→ ÷ →

69.6	15	
46.9	14	

37

→ ÷ →

45.9	6	
35.1	18	

38

→ ÷ →

96.6	28	
41.7	5	

39

→ ÷ →

87.5	14	
40.8	16	

로마를 세계 제국으로 발전시킨 '포에니 전쟁'

얘들아, 포에니 전쟁이라고 들어 봤니?

아니.

어디서 들어 본 것 같은데?

로마와 카르타고 사이의 지중해 패권을 둘러싸고 일어난 전쟁을 말해.

오~.

더 자세히 알려줘.

나도 듣고 싶어.

우선 '포에니'는 로마인이 카르타고인을 부르던 이름에서 유래되었어.

1차 전쟁은 시칠리아를 둘러싸고 일어난 해전에서 로마가 승리했고,

익! 분하다.

1차전은 우리가 승리!

2차 전쟁은 처음엔 카르타고가 우세했으나 나중엔 로마군이 승리했어.

아쉽군.

2차전도 우리가 승리.

마지막 3차 전쟁은 로마군이 카르타고를 포위하고 승리하여 전쟁이 끝나.

하하하. 모두 우리가 승리!

익! 항복.

로마란 나라가 힘이 셌구나!

로마는 포에니 전쟁으로 마케도니아, 그리스 등 여러 나라를 차지하고 강력한 제국을 세웠어.

지도처럼 로마 제국은 최대 영토를 갖게 돼.

우와! 엄청 넓다.

브리타니아
갈리아
에스파냐
로마 마케도니아 에소포타미아
카르타고 시칠리아 아테네
이집트

어디 가니?

형이랑 전쟁을 해서 이긴 후 우리 집을 장악하고 제국을 만들려고.

하하하.

못말려. 정말!

교과서 소수의 나눗셈

14 몫의 소수 첫째 자리에 0이 있는 (소수)÷(자연수) (1)

공부한 날 월 일

✅ (소수)÷(자연수)의 계산에서 받아내림을 하고 수가 작아 나누기를 계속할 수 없으면 몫에 0을 쓰고 수 하나를 더 내려 계산합니다. 소수점 아래에서 나누어떨어지지 않는 경우 0을 내려 계산합니다.

예

몫의 소수점은 나누어지는 수의 소수점을 올려 찍어요.

1~6 계산을 하시오.

1

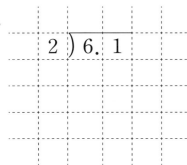

2) 6. 1

3

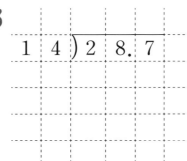

1 4) 2 8. 7

5

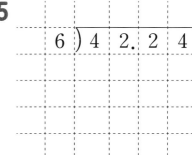

6) 4 2. 2 4

2

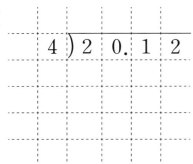

4) 2 0. 1 2

4

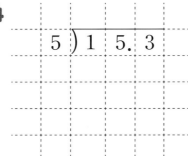

5) 1 5. 3

6

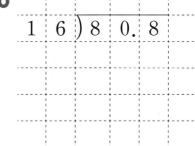

1 6) 8 0. 8

7

$4 \overline{)8.28}$

8

$5 \overline{)5.2}$

9

$2 \overline{)10.1}$

10

$8 \overline{)32.72}$

11

$6 \overline{)24.3}$

12

$15 \overline{)45.3}$

13

$8 \overline{)56.4}$

14

$22 \overline{)45.1}$

15

$4 \overline{)36.2}$

16

$24 \overline{)25.2}$

17

$14 \overline{)84.42}$

18

$5 \overline{)25.3}$

19

$14 \overline{)42.7}$

20

$26 \overline{)53.3}$

21

$6 \overline{)30.54}$

22

$25 \overline{)75.5}$

23

$16 \overline{)16.8}$

24

$28 \overline{)57.68}$

25 $0.4 \div 5$

26 $12.2 \div 4$

27 $6.18 \div 6$

28 $72.4 \div 8$

29 $32.64 \div 16$

30 $54.9 \div 18$

31 $48.6 \div 12$

32 $49.2 \div 24$

33~37 □ 안에 알맞은 수를 써넣으시오.

33 $12.3 \rightarrow \boxed{\div 6} \rightarrow \boxed{}$

34 $8.4 \rightarrow \boxed{\div 8} \rightarrow \boxed{}$

35 $60.3 \rightarrow \boxed{\div 15} \rightarrow \boxed{}$

36 $28.2 \rightarrow \boxed{\div 4} \rightarrow \boxed{}$

37 $27.82 \rightarrow \boxed{\div 26} \rightarrow \boxed{}$

규칙 찾기

들어간 수가 일정한 규칙에 따라 나오는 상자가 있습니다. 상자를 보고 규칙을 찾아 ★에 알맞은 수를 구하시오.

1

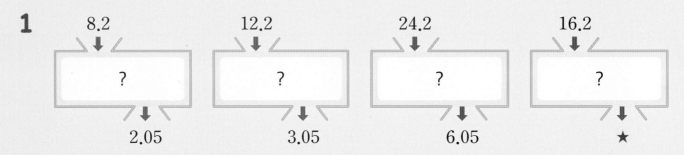

8.2	12.2	24.2	16.2
?	?	?	?
2.05	3.05	6.05	★

2

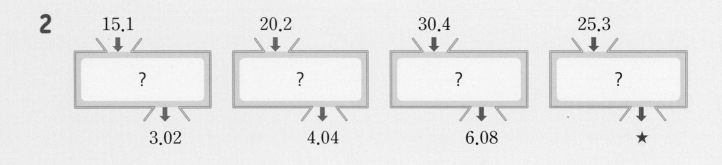

15.1	20.2	30.4	25.3
?	?	?	?
3.02	4.04	6.08	★

상자에 들어간 수와 나오는 수 사이의 관계를 알아봐야 해!

나오는 수가 들어간 수보다 더 작네.

풀 이

답 1 _____ 2 _____

교과서 소수의 나눗셈

15 몫의 소수 첫째 자리에 0이 있는 (소수)÷(자연수) (2)

공부한 날 월 일

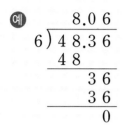

받아내림을 하고 수가 작아 나누는 수로 나눌 수 없으면 몫에 0을 쓰고 수 하나를 더 내리거나 0을 내려 계산해요.

1~9 계산을 하시오.

1
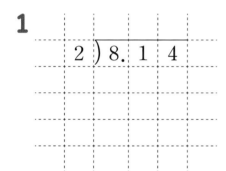

4
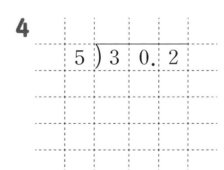

7
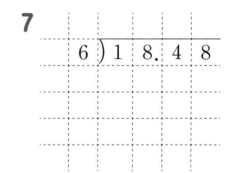

2
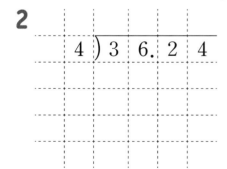

5
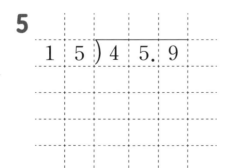

8

3
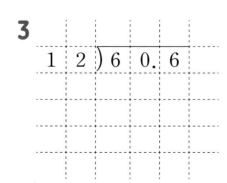

6
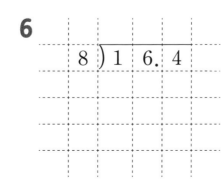

9

10

$5 \overline{\smash{)}\ 2\ 0.4}$

11

$12 \overline{\smash{)}\ 3\ 6.8\ 4}$

12

$2 \overline{\smash{)}\ 4.1}$

13

$4 \overline{\smash{)}\ 2\ 0.2}$

14

$15 \overline{\smash{)}\ 6\ 0.3}$

15

$25 \overline{\smash{)}\ 7\ 6.5}$

16

$24 \overline{\smash{)}\ 7\ 3.2}$

17

$8 \overline{\smash{)}\ 4\ 0.3\ 2}$

18

$16 \overline{\smash{)}\ 9\ 6.8}$

19

$28 \overline{\smash{)}\ 3\ 0.2\ 4}$

20

$4 \overline{\smash{)}\ 2\ 4.2}$

21

$8 \overline{\smash{)}\ 3\ 2.4}$

22 $48.4 \div 8$

23 $0.36 \div 4$

24 $5.4 \div 5$

25 $32.2 \div 4$

26 $27.3 \div 26$

27 $57.4 \div 28$

28 $80.96 \div 16$

29 $28.56 \div 14$

30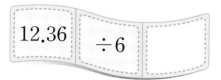

31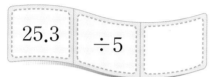

32

33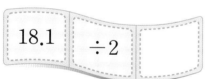

34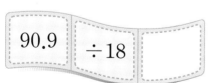

35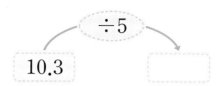

36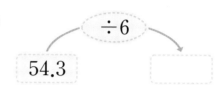

37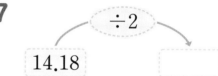

38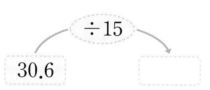

39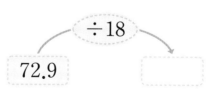

길 찾기

재호는 민아를 만나러 가려고 합니다. 길에 적힌 나눗셈식 중 몫의 소수 첫째 자리에 0이 있는 식을 따라가면 민아를 만날 수 있습니다. 길을 찾아 선으로 이어 보시오.

출발	30.1÷5	4.5÷2	14.7÷7
11.7÷6	12.2÷4	24.36÷6	38.8÷8
40.8÷16	39.2÷8	61.2÷15	10.72÷4
5.6÷7	62.25÷3	45.15÷5	9.1÷7
28.6÷4	4.05÷15	176.5÷25	도착

재호

민아

교과서 **소수의 나눗셈**

16 몫의 소수 첫째 자리에 0이 있는 (소수)÷(자연수) (3)

집중하여 정확하고 빠르게 문제를 풀어 보세요.

공부한 날 월 일

걸린 시간 분

1~9 계산을 하시오.

1

```
         6. 0 5
    4 ) 2 4. 2
        2 4
            2 0
            2 0
              0
```

4

```
    6 ) 4 2. 3
```

7

```
    2 2 ) 8 9. 7 6
```

2

```
    5 ) 3 0. 3 5
```

5

```
    1 8 ) 5 4. 9
```

8

```
    2 ) 1 8. 1 8
```

3

```
    2 4 ) 7 3. 4 4
```

6

```
    1 2 ) 8 4. 6
```

9

```
    2 5 ) 2 6. 5
```

10~29 계산을 하시오.

10 $6\,)\,\overline{2\ 4.1\ 2}$

11 $2\,)\,\overline{6.1}$

12 $4\,)\,\overline{1\ 6.2\ 4}$

13 $4\,)\,\overline{8.2}$

14 $15\,)\,\overline{9\ 1.2}$

15 $26\,)\,\overline{7\ 9.8\ 2}$

16 $14\,)\,\overline{9\ 8.7}$

17 $5\,)\,\overline{4\ 5.2}$

18 $6\,)\,\overline{3\ 0.3}$

19 $22\,)\,\overline{4\ 5.7\ 6}$

20 $14\,)\,\overline{5\ 6.7}$

21 $8\,)\,\overline{2\ 4.4}$

22 $20.3 \div 5$

23 $0.4 \div 8$

24 $49.68 \div 24$

25 $16.1 \div 2$

26 $20.32 \div 4$

27 $48.8 \div 16$

28 $24.72 \div 12$

29 $67.98 \div 22$

30

42.3	6

31
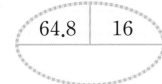

8.32	4

32

64.8	16

33

57.4	28

34

51.5	25

35 ÷ →

75.3	15	
14.1	2	

36 ÷ →

64.4	8	
51.5	25	

37 ÷ →

25.4	5	
32.12	4	

38 ÷ →

72.6	12	
16.16	8	

39 ÷ →

25.5	25	
84.7	14	

색칠하기

색이 3개만 정해진 칠교판을 모두 사용하여 백조와 나무를 각각 만들었습니다. 색이 정해지지 않은 곳에 나눗셈의 몫의 소수 둘째 자리 숫자가 5인 경우에는 빨간색, 아닌 경우에는 파란색을 색칠합니다. 빨간색을 색칠한 부분이 더 넓은 것은 백조와 나무 중에서 어느 것인지 알아보시오.

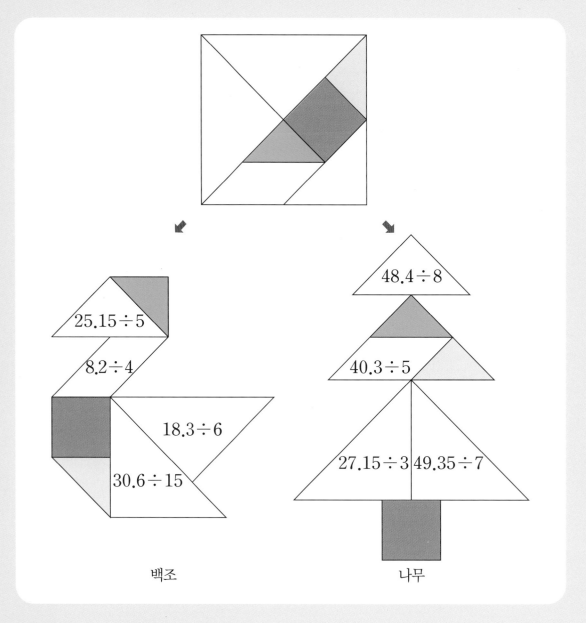

백조

나무

풀이

답 _____

교과서 소수의 나눗셈

(자연수)÷(자연수) (1)

✅ (자연수)÷(자연수)의 계산에서 나누어떨어지지 않는 경우에는 나누어지는 수의 오른쪽 끝자리에 0이 계속 있는 것으로 생각하고 0을 내려 계산합니다.

몫의 소수점은 자연수 바로 뒤에서 올려 찍어요.

1~6 계산을 하시오.

1

$$2)\overline{7}$$

3

$$5)\overline{1\ 2}$$

5

$$1\ 2)\overline{5\ 4}$$

2

$$4)\overline{9}$$

4

$$8)\overline{1\ 8}$$

6

$$1\ 6)\overline{2\ 0}$$

7

$4\overline{)18}$

8

$5\overline{)14}$

9

$8\overline{)22}$

10

$4\overline{)7}$

11

$25\overline{)5}$

12

$12\overline{)18}$

13

$25\overline{)28}$

14

$4\overline{)5}$

15

$50\overline{)55}$

16

$8\overline{)6}$

17

$5\overline{)19}$

18

$8\overline{)30}$

19

$20\overline{)31}$

20

$24\overline{)330}$

21

$18\overline{)99}$

22

$25\overline{)13}$

23

$30\overline{)39}$

24

$48\overline{)60}$

25 $8 \div 5$

26 $33 \div 15$

27 $21 \div 12$

28 $15 \div 6$

29 $26 \div 8$

30 $11 \div 20$

31 $6 \div 5$

32 $31 \div 50$

33
| 10 | $\div 4$ | |

34
| 9 | $\div 12$ | |

35
| 40 | $\div 32$ | |

36
| 70 | $\div 8$ | |

37
| 22 | $\div 4$ | |

마무리 연산 퍼즐 빙고 놀이

재호와 민아는 빙고 놀이를 하고 있습니다. 빙고 놀이에서 이긴 사람의 이름을 쓰시오.

<빙고 놀이 방법>

1. 가로, 세로 5칸인 놀이판에 0보다 크고 5보다 작은 소수 두 자리 수를 자유롭게 적은 다음 재호부터 서로 번갈아 가며 수를 말합니다.
2. 자신과 상대방이 말하는 수에 ✕표 합니다.
3. 가로, 세로, 대각선 중 한 줄에 있는 5개의 수에 모두 ✕표 한 경우 '빙고'를 외칩니다.
4. 먼저 '빙고'를 외치는 사람이 이깁니다.

재호의 놀이판

0.96	3.72	✕	2.48	1.65
✕	✕	2.75	4.25	✕
0.25	3.64	1.55	0.85	2.62
4.65	1.72	4.35	✕	3.95
0.14	2.58	✕	0.42	✕

민아의 놀이판

0.42	✕	2.25	0.85	✕
1.25	4.65	3.68	✕	0.44
3.12	0.72	2.45	1.95	4.35
0.14	✕	✕	2.75	✕
✕	1.84	2.72	0.96	1.28

11÷4를 계산한 값

재호

7÷50을 계산한 값

민아

풀 이

답

교과서 소수의 나눗셈

(자연수)÷(자연수) (2)

공부한 날 월 일

예
```
      2.5
  8) 2 0.0
     1 6
       4 0
       4 0
         0
```

나누어떨어지지 않는 경우에는 나누어지는 수의 오른쪽 끝자리에 0이 계속 있는 것으로 생각하고 0을 내려 계산해요.

1~6 계산을 하시오.

1

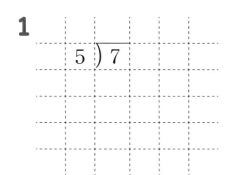
```
  5) 7
```

3

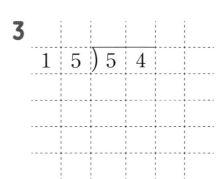
```
  1 5) 5 4
```

5

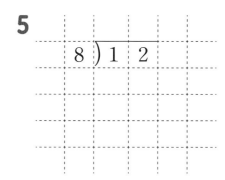
```
  8) 1 2
```

2

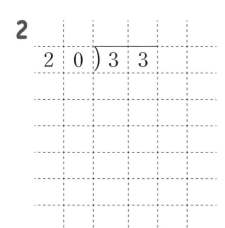
```
  2 0) 3 3
```

4

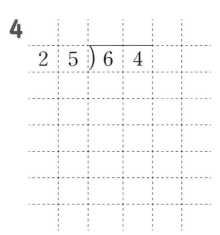
```
  2 5) 6 4
```

6

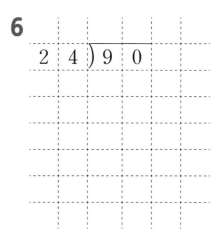
```
  2 4) 9 0
```

7~26 계산을 하시오.

7 $2 \overline{)9}$

8 $4 \overline{)13}$

9 $5 \overline{)11}$

10 $12 \overline{)15}$

11 $8 \overline{)14}$

12 $18 \overline{)9}$

13 $20 \overline{)17}$

14 $18 \overline{)45}$

15 $32 \overline{)24}$

16 $25 \overline{)36}$

17 $30 \overline{)51}$

18 $12 \overline{)75}$

19 $21 \div 4$

20 $4 \div 5$

21 $6 \div 15$

22 $16 \div 20$

23 $11 \div 8$

24 $40 \div 16$

25 $31 \div 25$

26 $54 \div 48$

27

2 ➡ $\div 4$ ➡ ☐

32

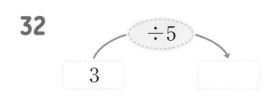

3 $\div 5$

28

81 ➡ $\div 25$ ➡ ☐

33

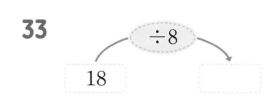

18 $\div 8$

29

6 ➡ $\div 50$ ➡ ☐

34

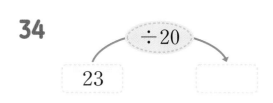

23 $\div 20$

30

48 ➡ $\div 32$ ➡ ☐

35

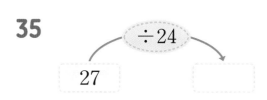

27 $\div 24$

31

3 ➡ $\div 24$ ➡ ☐

36

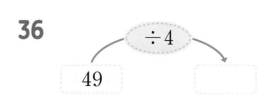

49 $\div 4$

집 찾아가기

영은이는 집에 가려고 합니다. 갈림길 문제의 계산 결과를 따라가면 집에 도착할 수 있습니다.
영은이네 집을 찾아 번호를 쓰시오.

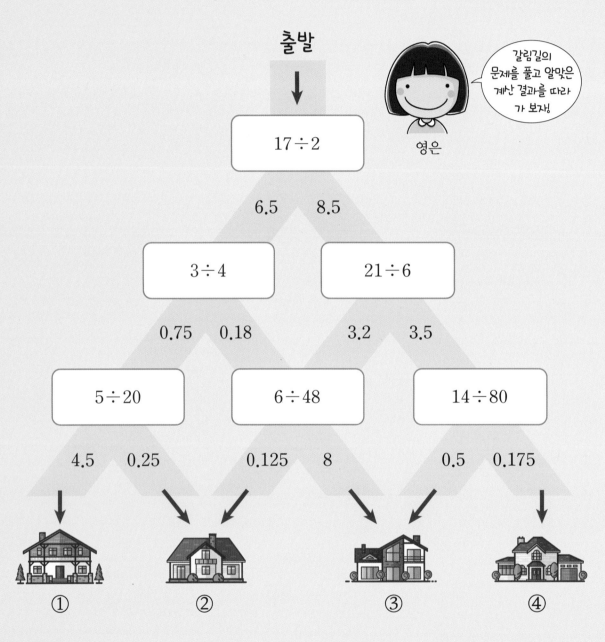

풀이

답 _____

교과서 소수의 나눗셈

19 (자연수)÷(자연수) (3)

공부한 날 　월　일　걸린 시간　분

1~9 계산을 하시오.

1

```
        1. 6
  5 ) 8.
      5
      3 0
      3 0
        0
```

4

```
  6 ) 3 3
```

7

```
  4 8 ) 1 2
```

2

```
  2 ) 1 9
```

5

```
  8 ) 2
```

8

```
  1 6 ) 5 6
```

3

```
  8 ) 2 2
```

6

```
  2 5 ) 2 9
```

9

```
  4 ) 1 1
```

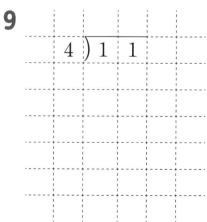

10~29 계산을 하시오.

10 $8 \overline{)4}$

11 $5 \overline{)2}$

12 $20 \overline{)5}$

13 $25 \overline{)4\ 1}$

14 $20 \overline{)3}$

15 $8 \overline{)7\ 0}$

16 $15 \overline{)9}$

17 $20 \overline{)1\ 9}$

18 $30 \overline{)8\ 4}$

19 $8 \overline{)4\ 6}$

20 $5 \overline{)1\ 2}$

21 $18 \overline{)2\ 7}$

22 $1 \div 5$

23 $17 \div 4$

24 $30 \div 8$

25 $16 \div 25$

26 $18 \div 30$

27 $6 \div 24$

28 $19 \div 8$

29 $56 \div 32$

30~39 빈 곳에 알맞은 소수를 써넣으시오.

30

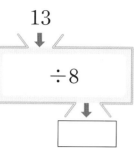

13 → ÷8 →

31

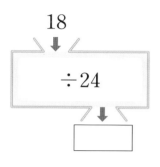

18 → ÷24 →

32

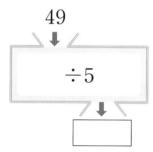

49 → ÷5 →

33

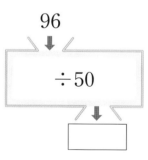

96 → ÷50 →

34

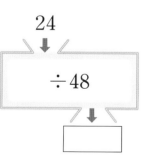

24 → ÷48 →

35

÷	2	4	8
3	1.5		

36

÷	8	2	5
7			

37

÷	12	36	40
18			

38

÷	30	25	5
24			

39

÷	5	20	40
32			

미로 찾기

규호와 아빠는 해변에 있는 엄마와 동생에게 가려고 합니다. 길을 찾아 선으로 이어 보시오.

교과서 소수의 나눗셈

단원 마무리 연산!

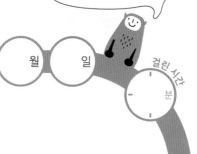

여러 가지 연산 문제로 단원을 마무리하여 연산왕에 도전해 보세요.

공부한 날   월   일   걸린 시간   분

1~15 계산을 하시오.

1
$2\overline{)8.6}$

6
$8\overline{)7.2}$

11
$7\overline{)3\,5.2\,8}$

2
$5\overline{)3\,5.5}$

7
$9\overline{)3.0\,6}$

12
$6\overline{)5\,4.3}$

3
$11\overline{)3\,5.2}$

8
$13\overline{)3.2\,5}$

13
$16\overline{)8\,0.6\,4}$

4
$6\overline{)2\,5.9\,2}$

9
$4\overline{)5.8}$

14
$5\overline{)4}$

5
$12\overline{)5\,4.4\,8}$

10
$8\overline{)1\,3.2}$

15
$15\overline{)2\,4}$

절취선 대로 자르세요

16~39 계산을 하시오.

16 $24.3 \div 9$

17 $9.5 \div 5$

18 $40.8 \div 17$

19 $85.8 \div 22$

20 $37.17 \div 7$

21 $25.88 \div 4$

22 $94.32 \div 24$

23 $92.02 \div 43$

24 $5.82 \div 6$

25 $3.71 \div 7$

26 $16.8 \div 21$

27 $8.84 \div 52$

28 $30.8 \div 5$

29 $25.5 \div 6$

30 $30.1 \div 14$

31 $78.2 \div 5$

32 $48.72 \div 8$

33 $101.5 \div 25$

34 $61.2 \div 15$

35 $37.62 \div 18$

36 $60 \div 24$

37 $27 \div 15$

38 $84 \div 16$

39 $112 \div 50$

40

$69.8 \rightarrow \boxed{\div 2} \rightarrow \boxed{}$

41

$3.96 \rightarrow \boxed{\div 3} \rightarrow \boxed{}$

42

$10.27 \rightarrow \boxed{\div 13} \rightarrow \boxed{}$

43

$99.9 \rightarrow \boxed{\div 45} \rightarrow \boxed{}$

44

$71.12 \rightarrow \boxed{\div 14} \rightarrow \boxed{}$

45

$35 \rightarrow \boxed{\div 4} \rightarrow \boxed{}$

46

$16.2 \quad \div 9$

47

$20.7 \quad \div 23$

48

$52.08 \quad \div 12$

49

$128.8 \quad \div 16$

50

$48.9 \quad \div 6$

51

$304 \quad \div 32$

52 방울토마토 6.9 kg을 3명에게 똑같이 나누어 주려고 합니다. 한 명이 가지게 되는 방울토마토는 몇 kg입니까?

식 ⟨ _____

답 ⟨ _____

53 주스 16.2 L를 병 12개에 똑같이 나누어 담으려고 합니다. 병 한 개에 담아야 하는 주스는 몇 L입니까?

식 ⟨ _____

답 ⟨ _____

54 유라네 모둠은 마카롱을 만들기 위해 설탕 2 kg을 그릇 8개에 똑같이 나누어 담으려고 합니다. 그릇 한 개에 담아야 하는 설탕은 몇 kg입니까?

식 ⟨ _____

답 ⟨ _____

Check! 채점하여 자신의 실력을 확인해 보세요!

맞힌 개수	52개 이상	연산왕! 참 잘했어요!
개/54개	38~51개	틀린 문제를 점검해요!
	37개 이하	차근차근 다시 풀어요!

엄마의 **확인** Note 칭찬할 점과 주의할 점을 써주세요!

정답확인

칭찬	
주의	

쏙셈 11권 **37일** - 4

교과서 비와 비율

1 비 (1)

✅ 두 수를 비교하기 위해 기호 :을 사용합니다.

두 수 3과 2를 비교할 때 3 : 2라 쓰고 3 대 2라고 읽습니다.

3 : 2는 "3과 2의 비", "2에 대한 3의 비", "3의 2에 대한 비"라고도 읽습니다.

기호 :의 오른쪽에 있는 수가 기준이예요.

예 ⚫⚫⚫◯◯

➡ 검은색 바둑돌 수와 흰색 바둑돌 수의 비는 3 : 2입니다. 3 : 2는 흰색 바둑돌 2개를 기준으로 하여 검은색 바둑돌 3개를 비교한 비입니다.

1~3 가위와 풀을 보고 □ 안에 알맞은 수를 써넣으시오.

1 가위 수와 풀 수의 비

➡ □ : □

2 가위 수에 대한 풀 수의 비

➡ □ : □

3 풀 수에 대한 가위 수의 비

➡ □ : □

4~6 사과와 포도를 보고 □ 안에 알맞은 수를 써넣으시오.

4 사과 수와 포도 수의 비

➡ □ : □

5 사과 수에 대한 포도 수의 비

➡ □ : □

6 포도 수에 대한 사과 수의 비

➡ □ : □

7

아이스크림 수와 사탕 수의 비
➡ (   )

8

야구공 수에 대한 축구공 수의 비
➡ (   )

9

티셔츠 수의 바지 수에 대한 비
➡ (   )

10

꽃 수와 화분 수의 비
➡ (   )

11

목도리 수에 대한 모자 수의 비
➡ (   )

12

연필 수의 지우개 수에 대한 비
➡ (   )

13

배 수와 딸기 수의 비
➡ (   )

14

오이 수에 대한 당근 수의 비
➡ (   )

15~17 보기 와 같이 비를 4가지 방법으로 읽어 보시오.

18~23 빈 곳에 알맞은 비를 써넣으시오.

보기

10 : 9
- 10 대 9
- 10과 9의 비
- 9에 대한 10의 비
- 10의 9에 대한 비

15

4 : 11
(　　　　　　　　)
(　　　　　　　　)
(　　　　　　　　)
(　　　　　　　　)

16

15 : 8
(　　　　　　　　)
(　　　　　　　　)
(　　　　　　　　)
(　　　　　　　　)

17

13 : 14
(　　　　　　　　)
(　　　　　　　　)
(　　　　　　　　)
(　　　　　　　　)

18　5와 9의 비 ──

19　16에 대한 1의 비 ──

20　4 대 13 ──

21　8의 17에 대한 비 ──

22　7과 15의 비 ──

23　19에 대한 6의 비 ──

먹이 찾기

비를 바르게 나타냈으면 ——→ 화살표를, 틀리게 나타냈으면 ⇢⇢→ 화살표를 따라갑니다. 개미가 출발 지점에서 출발하여 마지막에 도착하는 곳에 있는 먹이를 먹으려고 합니다. 개미가 먹는 먹이를 알아보시오.

출발

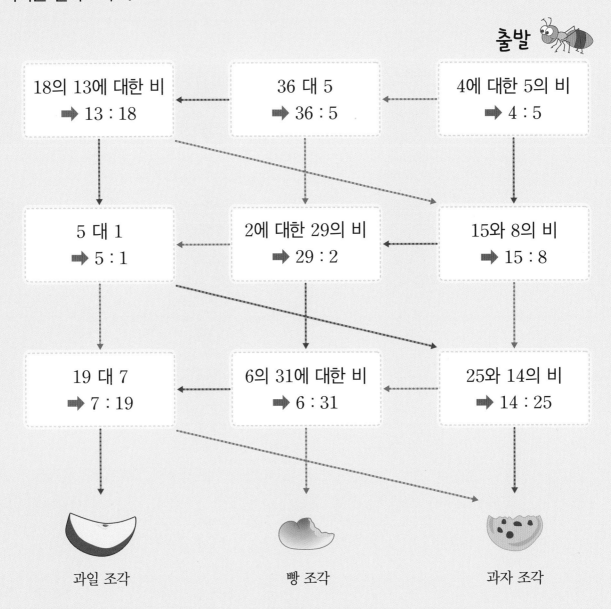

18의 13에 대한 비 ➡ 13 : 18	36 대 5 ➡ 36 : 5	4에 대한 5의 비 ➡ 4 : 5
5 대 1 ➡ 5 : 1	2에 대한 29의 비 ➡ 29 : 2	15와 8의 비 ➡ 15 : 8
19 대 7 ➡ 7 : 19	6의 31에 대한 비 ➡ 6 : 31	25와 14의 비 ➡ 14 : 25

과일 조각   빵 조각   과자 조각

풀 이

답 _____

교과서 비와 비율

2 비 (2)

공부한 날   월   일

➡ 사각형 수와 삼각형 수의 비는 5 : 3입니다.

1~3 직사각형 모양의 액자를 보고 □ 안에 알맞은 수를 써넣으시오.

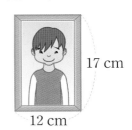

17 cm

12 cm

1 액자의 세로와 가로의 비

➡ ☐ : ☐

2 액자의 세로에 대한 가로의 비

➡ ☐ : ☐

3 액자의 세로의 가로에 대한 비

➡ ☐ : ☐

4~6 삼각형 모양의 샌드위치를 보고 □ 안에 알맞은 수를 써넣으시오.

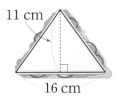

11 cm

16 cm

4 샌드위치의 밑변과 높이의 비

➡ ☐ : ☐

5 샌드위치의 높이에 대한 밑변의 비

➡ ☐ : ☐

6 샌드위치의 높이의 밑변에 대한 비

➡ ☐ : ☐

7~14 그림을 보고 알맞은 비로 나타내시오.

7

강아지 수와 고양이 수의 비

➡ (   )

11

11 cm

10 cm

직사각형의 가로의 세로에 대한 비

➡ (   )

8

빨간색 종이 수의 파란색 종이 수
에 대한 비

➡ (   )

12

16 cm

11 cm

삼각형의 밑변에 대한 높이의 비

➡ (   )

9

셔틀콕 수에 대한 라켓 수의 비

➡ (   )

13

12 cm

29 cm

직사각형의 세로와 가로의 비

➡ (   )

10

치약 수와 칫솔 수의 비

➡ (   )

14

13 cm

25 cm

삼각형의 밑변의 높이에 대한 비

➡ (   )

15~17 보기와 같이 비를 4가지 방법으로 읽어 보시오.

18~23 빈 곳에 알맞은 비를 써넣으시오.

보기

14 : 3
- 14 대 3
- 14와 3의 비
- 3에 대한 14의 비
- 14의 3에 대한 비

15

2 : 17
- (   )
- (   )
- (   )
- (   )

16

12 : 1
- (   )
- (   )
- (   )
- (   )

17

23 : 4
- (   )
- (   )
- (   )
- (   )

18 7과 4의 비 — ☐

19 5 대 12 — ☐

20 41의 5에 대한 비 — ☐

21 13에 대한 2의 비 — ☐

22 37 대 11 — ☐

23 8의 29에 대한 비 — ☐

숨은 그림 찾기

다음 그림에서 숨은 그림 5개를 모두 찾아 ○표 하시오.

직각 삼각자, 망원경, 손거울, 국자, 종

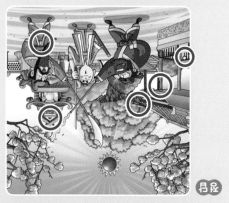

교과서 비와 비율

3 비율 (1)

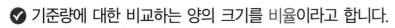

공부한 날   월   일

걸린 시간   분

✅ 기준량에 대한 비교하는 양의 크기를 비율이라고 합니다.

$$(비율) = (비교하는 양) \div (기준량) = \frac{(비교하는 양)}{(기준량)}$$

예 비 2 : 5의 비율을 분수와 소수로 나타내기

$$\underset{비교하는 양}{2} : \underset{기준량}{5} \Rightarrow \begin{array}{l} 분수 \quad 2 \div 5 = \frac{2}{5} \\ 소수 \quad 2 \div 5 = 0.4 \end{array}$$

: 의 왼쪽에 있는 수가 비교하는 양, : 의 오른쪽에 있는 수가 기준량이에요.

1~9 비율을 분수로 나타내시오.

1

1 : 5

(   )

4

9와 4의 비

(   )

7

16에 대한
4의 비

(   )

2

10 대 11

(   )

5

30과 31의 비

(   )

8

11의 40에
대한 비

(   )

3

22 대 25

(   )

6

7에 대한
2의 비

(   )

9

21의 28에
대한 비

(   )

정답대로 자르세요

10~24 비율을 소수로 나타내시오.

10

21 : 50

(   )

11

9 : 8

(   )

12

23 : 25

(   )

13

51 대 100

(   )

14

11 대 20

(   )

15

7 대 8

(   )

16

2와 10의 비

(   )

17

21과 35의 비

(   )

18

16과 5의 비

(   )

19

25에 대한
4의 비

(   )

20

10에 대한
7의 비

(   )

21

40에 대한
9의 비

(   )

22

5의 50에
대한 비

(   )

23

12의 32에
대한 비

(   )

24

45의 18에
대한 비

(   )

25~29 빈 곳에 알맞은 분수를 써넣으시오.

30~34 빈 곳에 알맞은 소수를 써넣으시오.

25

비	비율
3 : 8	

30

비	비율
9 : 10	

26

비	비율
4 대 28	

31

비	비율
12 대 5	

27

비	비율
24와 25의 비	

32

비	비율
18과 48의 비	

28

비	비율
50에 대한 47의 비	

33

비	비율
20에 대한 16의 비	

29

비	비율
84의 100에 대한 비	

34

비	비율
33의 75에 대한 비	

Check! 채점하여 자신의 실력을 확인해 보세요!

맞힌 개수	32개 이상	연산왕! 참 잘했어요!
	24~31개	틀린 문제를 점검해요!
개/34개	23개 이하	차근차근 다시 풀어요!

엄마의 확인 Note 칭찬할 점과 주의할 점을 써주세요!

정답확인

칭찬	
주의	

길 찾기

정민이는 서점에 가려고 합니다. 비를 비율로 바르게 나타낸 곳을 따라가면 서점에 갈 수 있습니다. 길을 찾아 선으로 이어 보시오.

출발	$9 : 2$ ➡ 4.5	6 대 5 ➡ $\dfrac{6}{5}$	9와 25의 비 ➡ 0.36
64에 대한 24의 비 ➡ $\dfrac{3}{5}$	17의 20에 대한 비 ➡ $\dfrac{7}{10}$	$9 : 30$ ➡ 0.6	7 대 56 ➡ $\dfrac{1}{8}$
16과 40의 비 ➡ 0.4	15에 대한 12의 비 ➡ $\dfrac{4}{5}$	24의 20에 대한 비 ➡ 1.2	$8 : 15$ ➡ $\dfrac{8}{15}$
2 대 10 ➡ $\dfrac{1}{5}$	16과 80의 비 ➡ 0.3	30에 대한 12의 비 ➡ $\dfrac{3}{5}$	36의 60에 대한 비 ➡ 0.7
$26 : 65$ ➡ 0.4	27 대 18 ➡ $\dfrac{3}{2}$	43과 23의 비 ➡ $\dfrac{43}{23}$	서점 Book

교과서 비와 비율

4 비율 (2)

공부한 날 월 일

걸린 시간 분

예 비 5 : 8의 비율을 분수와 소수로 나타내기

$$\underset{\text{비교하는 양}\quad\text{기준량}}{5 : 8} \implies \begin{array}{l} \boxed{\text{분수}}\ 5 \div 8 = \dfrac{5}{8} \\[2mm] \boxed{\text{소수}}\ 5 \div 8 = 0.625 \end{array}$$

(비율) = (비교하는 양) ÷ (기준량)

$= \dfrac{(\text{비교하는 양})}{(\text{기준량})}$

1~9 비율을 분수로 나타내시오.

1
1 : 7

(   )

4
5와 4의 비

(   )

7
16에 대한
3의 비

(   )

2
6 : 11

(   )

5
21과 22의 비

(   )

8
6의 30에
대한 비

(   )

3
12 대 19

(   )

6
9에 대한
2의 비

(   )

9
15의 27에
대한 비

(   )

10~24 비율을 소수로 나타내시오.

10
13 : 25

( )

15
7 대 20

( )

20
10에 대한
3의 비

( )

11
1 : 4

( )

16
2와 5의 비

( )

21
35에 대한
14의 비

( )

12
23 : 10

( )

17
12와 15의 비

( )

22
18의 50에
대한 비

( )

13
47 대 100

( )

18
20과 40의 비

( )

23
12의 16에
대한 비

( )

14
21 대 40

( )

19
50에 대한
4의 비

( )

24
64의 20에
대한 비

( )

25

비	비율
10 : 21	

30

비	비율
6 : 10	

26

비	비율
8 대 13	

31

비	비율
17 대 5	

27

비	비율
24와 32의 비	

32

비	비율
9와 72의 비	

28

비	비율
40에 대한 17의 비	

33

비	비율
8에 대한 6의 비	

29

비	비율
45의 50에 대한 비	

34

비	비율
57의 75에 대한 비	

다른 그림 찾기

아래 그림에서 위 그림과 다른 부분 5군데를 모두 찾아 ○표 하시오.

교과서 비와 비율

5 비율을 백분율로 나타내기

공부한 날   월   일

걸린 시간   분

✅ 기준량을 100으로 할 때의 비율을 백분율이라고 합니다.
백분율은 기호 %를 사용하여 나타냅니다.

✅ 비율을 백분율로 나타내려면 비율에 100을 곱한 후
% 기호를 붙입니다.

예 $\frac{3}{10}$ ➡ $\frac{3}{10} \times 100 = 30$ (%)

0.27 ➡ $0.27 \times 100 = 27$ (%)

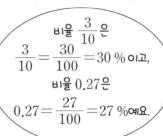

비율 $\frac{3}{10}$ 은
$\frac{3}{10} = \frac{30}{100} = 30$ % 이고,
비율 0.27은
$0.27 = \frac{27}{100} = 27$ %예요.

1~12 비율을 백분율로 나타내시오.

1
0.06
(   )

5
0.47
(   )

9
0.65
(   )

2
0.1
(   )

6
0.02
(   )

10
0.72
(   )

3
0.53
(   )

7
0.8
(   )

11
1.5
(   )

4
2.04
(   )

8
0.39
(   )

12
0.17
(   )

13 $\dfrac{3}{10}$

(   )

14 $\dfrac{29}{100}$

(   )

15 $\dfrac{1}{50}$

(   )

16 $\dfrac{11}{20}$

(   )

17 $\dfrac{7}{100}$

(   )

18 $\dfrac{4}{25}$

(   )

19 $\dfrac{3}{4}$

(   )

20 $\dfrac{3}{25}$

(   )

21 $\dfrac{17}{25}$

(   )

22 $\dfrac{7}{20}$

(   )

23 $\dfrac{3}{5}$

(   )

24 $\dfrac{17}{20}$

(   )

25 $\dfrac{109}{100}$

(   )

26 $\dfrac{19}{20}$

(   )

27 $\dfrac{6}{5}$

(   )

28 $\dfrac{7}{10}$

(   )

29 $\dfrac{13}{20}$

(   )

30 $\dfrac{37}{50}$

(   )

31

비율	백분율
0.84	

36

비율	백분율
$\dfrac{11}{50}$	

32

비율	백분율
0.04	

37

비율	백분율
$\dfrac{9}{10}$	

33

비율	백분율
0.91	

38

비율	백분율
$\dfrac{4}{5}$	

34

비율	백분율
0.6	

39

비율	백분율
$\dfrac{7}{4}$	

35

비율	백분율
5.3	

40

비율	백분율
$\dfrac{1}{2}$	

세계에서 가장 넓은 나라 '러시아'

교과서 비와 비율

6 백분율을 비율로 나타내기

✔ 백분율을 비율로 나타내려면 백분율에서 % 기호를 빼고 100으로 나눕니다.

예 $19\,\% \Rightarrow 19 \div 100 = \dfrac{19}{100}$

$41\,\% \Rightarrow 41 \div 100 = 0.41$

1~12 백분율을 분수로 나타내시오.

1 3 %

( )

5 55 %

( )

9 35 %

( )

2 40 %

( )

6 24 %

( )

10 88 %

( )

3 25 %

( )

7 74 %

( )

11 10 %

( )

4 79 %

( )

8 63 %

( )

12 205 %

( )

13~33 백분율을 소수로 나타내시오.

13
| 5 % |

( )

14
| 14 % |

( )

15
| 92 % |

( )

16
| 8 % |

( )

17
| 30 % |

( )

18
| 77 % |

( )

19
| 12 % |

( )

20
| 31 % |

( )

21
| 68 % |

( )

22
| 40 % |

( )

23
| 261 % |

( )

24
| 36 % |

( )

25
| 10 % |

( )

26
| 52 % |

( )

27
| 87 % |

( )

28
| 19 % |

( )

29
| 27 % |

( )

30
| 50 % |

( )

31
| 136 % |

( )

32
| 98 % |

( )

33
| 47 % |

( )

34

백분율	비율
6 %	

35

백분율	비율
41 %	

36

백분율	비율
89 %	

37

백분율	비율
23 %	

38

백분율	비율
62 %	

39

백분율	비율
58 %	

40

백분율	비율
375 %	

41

백분율	비율
15 %	

42

백분율	비율
70 %	

43

백분율	비율
18 %	

Check! 채점하여 자신의 실력을 확인해 보세요!

맞힌 개수	41개 이상	연산왕! 참 잘했어요!
	30~40개	틀린 문제를 점검해요!
개/43개	29개 이하	차근차근 다시 풀어요!

엄마의 확인 Note 칭찬할 점과 주의할 점을 써주세요!

정답확인

칭찬	
주의	

퍼즐 도둑은 누구일까요?

어느 날 한 백화점에 도둑이 들어 가장 비싼 보석을 훔쳐 갔습니다. 사건 단서 ①, ②, ③의 백분율을 비율로 나타낸 수에 해당하는 글자를 사건 단서 해독표에서 찾아 차례로 쓰면 도둑의 이름을 알 수 있습니다. 도둑의 이름을 알아보시오.

사건 현장의 단서를 찾은 다음 오른쪽의 사건 단서 해독표를 이용하여 범인의 이름을 알아봐요.

<사건 단서 해독표>

박	$\dfrac{1}{8}$	석	3.9	이	0.25	회	3.95
한	0.18	전	5.2	우	$\dfrac{197}{500}$	은	$\dfrac{18}{200}$
민	0.96	최	$\dfrac{525}{100}$	혜	0.94	호	0.52
김	$\dfrac{394}{100}$	철	$\dfrac{39}{100}$	노	0.443	규	1.8

① ② ③

도둑의 이름은 ☐☐☐ 입니다.

풀 이

답 _____

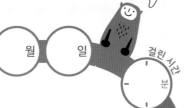

교과서 비와 비율

단원 마무리 연산!

여러 가지 연산 문제로 단원을 마무리하여 연산왕에 도전해 보세요.

공부한 날 〇 월 〇 일 〇

걸린 시간 분

1~15 비로 나타내시오.

1

1 대 8

(   )

2

15와 7의 비

(   )

3

33에 대한
4의 비

(   )

4

2의 13에
대한 비

(   )

5

20 대 19

(   )

6

6과 29의 비

(   )

7

18에 대한
11의 비

(   )

8

43의 9에
대한 비

(   )

9

12 대 5

(   )

10

50과 71의 비

(   )

11

39에 대한
14의 비

(   )

12

9의 5에
대한 비

(   )

13

8 대 27

(   )

14

40과 3의 비

(   )

15

16에 대한
17의 비

(   )

16

1 : 7

분수 (   )

17

8 : 5

소수 (   )

18

9 : 11

분수 (   )

19

12 대 25

소수 (   )

20

17 대 20

분수 (   )

21

9 대 60

소수 (   )

22

14 대 8

소수 (   )

23

4와 7의 비

분수 (   )

24

3과 5의 비

소수 (   )

25

10과 13의 비

분수 (   )

26

50에 대한
2의 비

소수 (   )

27

16에 대한
9의 비

분수 (   )

28

20에 대한
13의 비

분수 (   )

29

12에 대한
6의 비

소수 (   )

30

8의 29에
대한 비

분수 (   )

31

15의 40에
대한 비

소수 (   )

32

14의 33에
대한 비

분수 (   )

33

18의 25에
대한 비

소수 (   )

34~51 비율을 백분율로, 백분율을 비율로 나타내시오.

34

$$\frac{5}{10}$$

( )

35

$$\frac{9}{20}$$

( )

36

$$\frac{33}{50}$$

( )

37

0.02

( )

38

0.46

( )

39

0.97

( )

40

$$\frac{1}{4}$$

( )

41

$$\frac{24}{25}$$

( )

42

$$\frac{37}{25}$$

( )

43

0.4

( )

44

0.57

( )

45

0.63

( )

46

7 %

분수 ( )

47

28 %

분수 ( )

48

31 %

분수 ( )

49

9 %

소수 ( )

50

70 %

소수 ( )

51

84 %

소수 ( )

52 수족관에 상어는 5마리, 가오리는 6마리 있습니다. 가오리 수에 대한 상어 수의 비율을 분수로 나타내시오.

답

53 어느 야구 선수의 타율은 32 %입니다. 이 야구 선수의 타율을 분수로 나타내시오.

답

54 수현이가 고리 던지기 놀이를 하였습니다. 수현이는 고리를 25번 던져서 15번 걸었습니다. 수현이의 성공률을 백분율로 나타내시오.

답

교과서 직육면체의 겉넓이와 부피

1 직육면체의 겉넓이

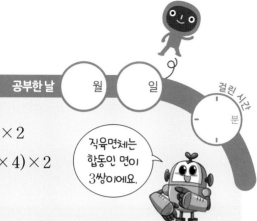

✔ (직육면체의 겉넓이)＝(한 꼭짓점에서 만나는 세 면의 넓이의 합)×2

예 (직육면체의 겉넓이)＝$(5×2+2×4+5×4)×2$

$=38×2$

$=76 (cm^2)$

4 cm, 5 cm, 2 cm

직육면체는 합동인 면이 3쌍이에요.

1~6 직육면체의 겉넓이를 구하려고 합니다. ☐ 안에 알맞은 수를 써넣으시오.

1

3 cm, 2 cm, 1 cm

$(2×1+1×3+2×\boxed{})×2$

$=\boxed{} (cm^2)$

4

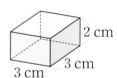

2 cm, 3 cm, 3 cm

$(3×3+3×2+\boxed{}×2)×2$

$=\boxed{} (cm^2)$

2

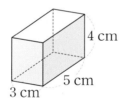

4 cm, 5 cm, 3 cm

$(3×5+5×\boxed{}+3×4)×2$

$=\boxed{} (cm^2)$

5

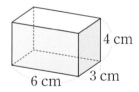

4 cm, 6 cm, 3 cm

$(6×3+\boxed{}×4+6×4)×2$

$=\boxed{} (cm^2)$

3

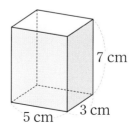

7 cm, 5 cm, 3 cm

$(5×\boxed{}+3×7+5×7)×2$

$=\boxed{} (cm^2)$

6

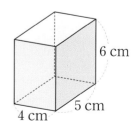

6 cm, 4 cm, 5 cm

$(\boxed{}×5+5×6+4×6)×2$

$=\boxed{} (cm^2)$

7

2 cm
4 cm
4 cm

(   )

12

5 cm
3 cm
3 cm

(   )

8

6 cm
6 cm
5 cm

(   )

13

8 cm
3 cm
5 cm

(   )

9

7 cm
9 cm
8 cm

(   )

14

3 cm
12 cm
7 cm

(   )

10

4 cm
10 cm
5 cm

(   )

15

6 cm
13 cm
3 cm

(   )

11

5 cm
14 cm
3 cm

(   )

16

7 cm
16 cm
4 cm

(   )

17

3 cm
6 cm
3 cm

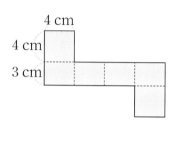

(   )

21

9 cm
3 cm
6 cm

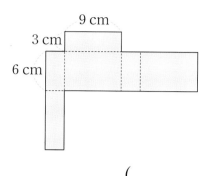

(   )

18

4 cm
4 cm
3 cm

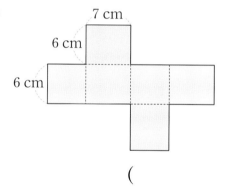

(   )

22

7 cm 6 cm
5 cm

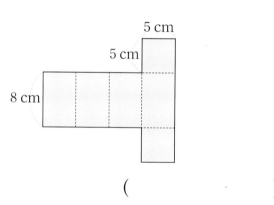

(   )

19

7 cm
6 cm
6 cm

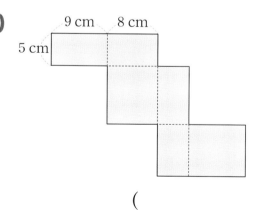

(   )

23

5 cm
5 cm
8 cm

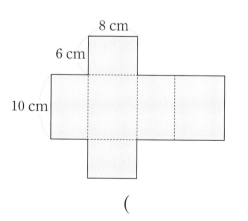

(   )

20

9 cm 8 cm
5 cm

(   )

24

8 cm
6 cm
10 cm

(   )

길 찾기

성환이는 친구들과 함께 축구장에 가려고 합니다. 직육면체의 겉넓이를 바르게 구한 곳을 따라 가면 축구장에 도착할 수 있습니다. 길을 찾아 선으로 이어 보시오.

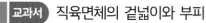

교과서 직육면체의 겉넓이와 부피

② 정육면체의 겉넓이

✔ (정육면체의 겉넓이) = (한 면의 넓이) × 6
└── (한 모서리) × (한 모서리)

예

(정육면체의 겉넓이) = $3 \times 3 \times 6$
$= 9 \times 6$
$= 54 \ (\text{cm}^2)$

정육면체는 여섯 면의 넓이가 같아요.

1~6 정육면체의 겉넓이를 구하려고 합니다. □ 안에 알맞은 수를 써넣으시오.

1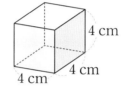

$4 \times \boxed{} \times 6 = \boxed{} \ (\text{cm}^2)$

4

$2 \times \boxed{} \times 6 = \boxed{} \ (\text{cm}^2)$

2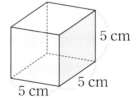

$5 \times \boxed{} \times 6 = \boxed{} \ (\text{cm}^2)$

5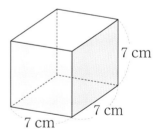

$7 \times \boxed{} \times 6 = \boxed{} \ (\text{cm}^2)$

3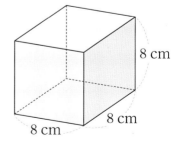

$8 \times \boxed{} \times 6 = \boxed{} \ (\text{cm}^2)$

6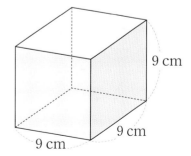

$9 \times \boxed{} \times 6 = \boxed{} \ (\text{cm}^2)$

7~16 정육면체의 겉넓이를 구하시오.

7
10 cm
10 cm
10 cm

( )

8
13 cm
13 cm
13 cm

( )

9
18 cm
18 cm
18 cm

( )

10
22 cm
22 cm
22 cm

( )

11
30 cm
30 cm
30 cm

( )

12
11 cm
11 cm
11 cm

( )

13
15 cm
15 cm
15 cm

( )

14
17 cm
17 cm
17 cm

( )

15
25 cm
25 cm
25 cm

( )

16
27 cm
27 cm
27 cm

( )

17

8 cm
8 cm
8 cm

(   )

21

9 cm
9 cm
9 cm

(   )

18

12 cm
12 cm
12 cm

(   )

22

14 cm
14 cm
14 cm

(   )

19

16 cm
16 cm
16 cm

(   )

23

19 cm
19 cm
19 cm

(   )

20

20 cm
20 cm
20 cm

(   )

24

21 cm
21 cm
21 cm

(   )

Check! 채점하여 자신의 실력을 확인해 보세요!

맞힌 개수	22개 이상	연산왕! 참 잘했어요!
개/24개	17~21개	틀린 문제를 점검해요!
	16개 이하	차근차근 다시 풀어요!

엄마의 **확인** Note 칭찬할 점과 주의할 점을 써주세요!

정답확인

칭찬	
주의	

쏙셈 11권 **46일** - 3

첫 번째 세계문화유산 '파르테논 신전'

교과서 직육면체의 겉넓이와 부피

❸ 직육면체의 부피

✔ (직육면체의 부피)＝(가로)×(세로)×(높이)

예

7 cm
5 cm　3 cm

(직육면체의 부피)＝$5 \times 3 \times 7$
＝$105 \, (\text{cm}^3)$

직육면체의 부피는
가로, 세로, 높이를
곱하면 돼요.

1~6 직육면체의 부피를 구하려고 합니다. □ 안에 알맞은 수를 써넣으시오.

1
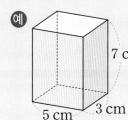
6 cm
5 cm　1 cm

$5 \times 1 \times \boxed{} = \boxed{} \, (\text{cm}^3)$

4
4 cm
3 cm　2 cm

$\boxed{} \times 2 \times 4 = \boxed{} \, (\text{cm}^3)$

2
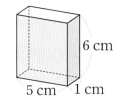
5 cm
6 cm　2 cm

$\boxed{} \times 2 \times 5 = \boxed{} \, (\text{cm}^3)$

5

6 cm
8 cm　2 cm

$8 \times 2 \times \boxed{} = \boxed{} \, (\text{cm}^3)$

3
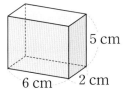
2 cm
8 cm　4 cm

$8 \times 4 \times \boxed{} = \boxed{} \, (\text{cm}^3)$

6
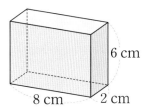
5 cm
9 cm　4 cm

$9 \times \boxed{} \times 5 = \boxed{} \, (\text{cm}^3)$

7
5 cm
4 cm 3 cm

(   )

12
2 cm
5 cm 4 cm

(   )

8
4 cm
8 cm 3 cm

(   )

13
3 cm
4 cm 6 cm

(   )

9
7 cm
7 cm 6 cm

(   )

14
3 cm
9 cm 5 cm

(   )

10
8 cm
6 cm 5 cm

(   )

15
8 cm
3 cm 3 cm

(   )

11
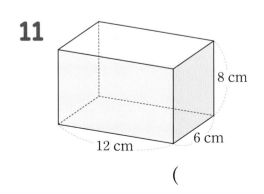
8 cm
12 cm 6 cm

(   )

16
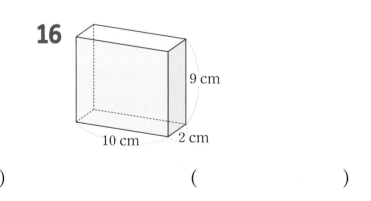
9 cm
10 cm 2 cm

(   )

17

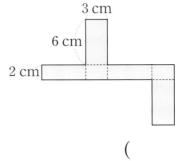

3 cm
6 cm
2 cm

(   )

21

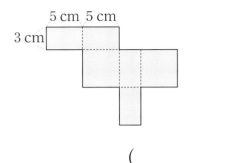

5 cm 5 cm
3 cm

(   )

18

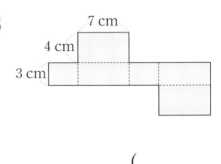

7 cm
4 cm
3 cm

(   )

22

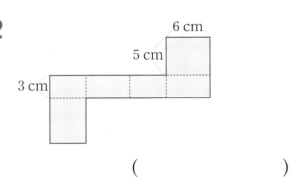

6 cm
5 cm
3 cm

(   )

19

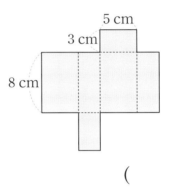

5 cm
3 cm
8 cm

(   )

23

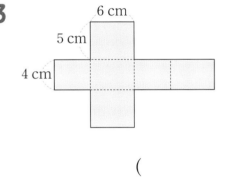

6 cm
5 cm
4 cm

(   )

20

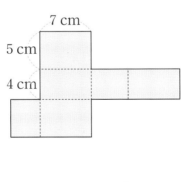

7 cm
5 cm
4 cm

(   )

24

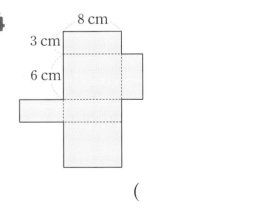

8 cm
3 cm
6 cm

(   )

선 잇기

다음 쥐 5마리가 각각 직육면체 모양의 치즈를 먹었습니다. 관계있는 것끼리 알맞게 선으로 이어 보시오.

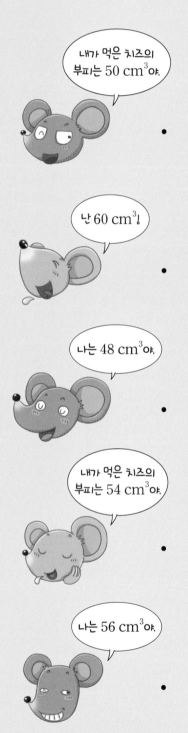

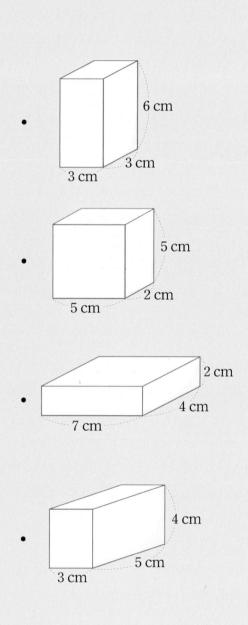

교과서 직육면체의 겉넓이와 부피

4 정육면체의 부피

✔ (정육면체의 부피)＝(한 모서리)×(한 모서리)×(한 모서리)

예 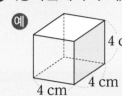 4 cm 4 cm 4 cm

(정육면체의 부피)＝4×4×4
＝64 (cm³)

정육면체의 부피는 한 모서리를 세 번 곱하면 돼요.

1~6 정육면체의 부피를 구하려고 합니다. □ 안에 알맞은 수를 써넣으시오.

1
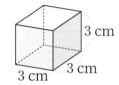
3 cm
3 cm
3 cm

$3 \times \boxed{} \times 3 = \boxed{}$ (cm³)

4
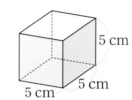
5 cm
5 cm
5 cm

$5 \times 5 \times \boxed{} = \boxed{}$ (cm³)

2
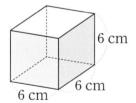
6 cm
6 cm
6 cm

$\boxed{} \times 6 \times 6 = \boxed{}$ (cm³)

5
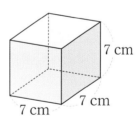
7 cm
7 cm
7 cm

$7 \times \boxed{} \times 7 = \boxed{}$ (cm³)

3
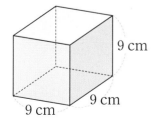
9 cm
9 cm
9 cm

$9 \times 9 \times \boxed{} = \boxed{}$ (cm³)

6
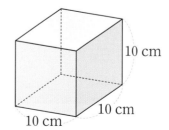
10 cm
10 cm
10 cm

$\boxed{} \times 10 \times 10 = \boxed{}$ (cm³)

정답과 대로 자르세요

7~16 정육면체의 부피를 구하시오.

7

16 cm
16 cm
16 cm

( )

12

15 cm
15 cm
15 cm

( )

8

18 cm
18 cm
18 cm

( )

13

17 cm
17 cm
17 cm

( )

9

23 cm
23 cm
23 cm

( )

14

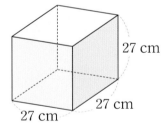

20 cm
20 cm
20 cm

( )

10

29 cm
29 cm
29 cm

( )

15

27 cm
27 cm
27 cm

( )

11

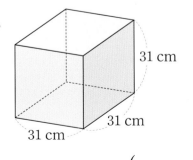

31 cm
31 cm
31 cm

( )

16

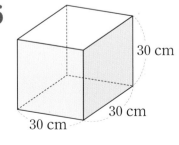

30 cm
30 cm
30 cm

( )

17

6 cm
6 cm
6 cm

(   )

21

7 cm
7 cm
7 cm

(   )

18

9 cm
9 cm
9 cm

(   )

22

8 cm
8 cm
8 cm

(   )

19

11 cm
11 cm
11 cm

(   )

23

12 cm
12 cm
12 cm

(   )

20

13 cm
13 cm
13 cm

(   )

24

14 cm
14 cm
14 cm

(   )

숨은 그림 찾기

다음 그림에서 숨은 그림 5개를 모두 찾아 ○표 하시오.

> 나팔, 풍선, 밀짚모자, 양초, 해골

교과서 직육면체의 겉넓이와 부피

5 부피의 큰 단위 m³

공부한 날   월   일   걸린 시간   분

✔ 부피의 큰 단위 알아보기

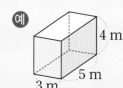

$1 m^3 = 1000000 cm^3$

예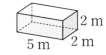

(직육면체의 부피) $= 3 \times 5 \times 4$
$= 60 (m^3)$

1~6 직육면체의 부피를 m^3 단위로 구하려고 합니다. □ 안에 알맞은 수를 써넣으시오.

1

$\boxed{} \times 2 \times 2 = \boxed{}$ (m^3)

2

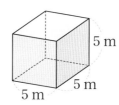

$7 \times \boxed{} \times 7 = \boxed{}$ (m^3)

3

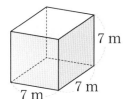

$8 \times \boxed{} \times 1 = \boxed{}$ (m^3)

4

$5 \times \boxed{} \times 5 = \boxed{}$ (m^3)

5

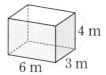

$6 \times 3 \times \boxed{} = \boxed{}$ (m^3)

6

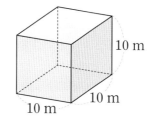

$10 \times 10 \times \boxed{} = \boxed{}$ (m^3)

7~16 직육면체의 부피를 m^3 단위로 구하시오.

7

5 m
7 m
3 m

( )

12

4 m
7.6 m
5 m

( )

8

700 cm
700 cm
7 m

( )

13

800 cm
800 cm
800 cm

( )

9

500 cm
8 m
440 cm

( )

14

7 m
9 m
4 m

( )

10

900 cm
900 cm
9 m

( )

15

11 m
11 m
1300 cm

( )

11

12 m
12 m
12 m

( )

16

14 m
14 m
14 m

( )

17

가로 (cm)	세로 (cm)	높이 (cm)	부피 (m³)
400	500	300	

22

가로 (cm)	세로 (m)	높이 (cm)	부피 (m³)
200	2	200	

18

가로 (m)	세로 (m)	높이 (cm)	부피 (m³)
6	6	600	

23

가로 (m)	세로 (cm)	높이 (cm)	부피 (m³)
7.5	200	400	

19

가로 (m)	세로 (cm)	높이 (cm)	부피 (m³)
3.8	300	600	

24

가로 (m)	세로 (cm)	높이 (m)	부피 (m³)
5	500	5	

20

가로 (cm)	세로 (m)	높이 (m)	부피 (m³)
400	4	4	

25

가로 (cm)	세로 (cm)	높이 (m)	부피 (m³)
200	800	6	

21

가로 (cm)	세로 (cm)	높이 (m)	부피 (m³)
600	200	7	

26

가로 (cm)	세로 (cm)	높이 (cm)	부피 (m³)
300	300	300	

사다리 타기

사다리 타기는 줄을 타고 내려가다가 가로로 놓인 선을 만나면 가로 선을 따라 맨 아래까지 내려가는 놀이입니다. 주어진 직육면체의 부피를 m^3 단위로 구하여 사다리를 타고 내려가서 도착한 곳에 써넣으시오.

교과서 직육면체의 겉넓이와 부피

단원 마무리 연산!

여러 가지 연산 문제로 단원을 마무리하여 연산왕에 도전해 보세요.

공부한 날 　월　　일　 걸린 시간　분

1~8 직육면체의 겉넓이를 구하시오.

1

5 cm
4 cm　3 cm

(　　　　　　　)

2
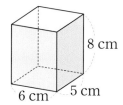
8 cm
6 cm　5 cm

(　　　　　　　)

3
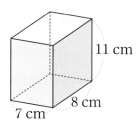
11 cm
7 cm　8 cm

(　　　　　　　)

4
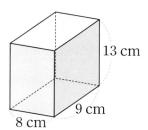
13 cm
8 cm　9 cm

(　　　　　　　)

5
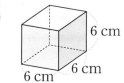
6 cm
6 cm　6 cm

(　　　　　　　)

6
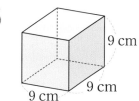
9 cm
9 cm　9 cm

(　　　　　　　)

7
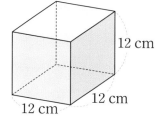
12 cm
12 cm　12 cm

(　　　　　　　)

8
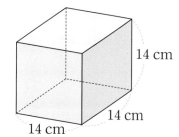
14 cm
14 cm　14 cm

(　　　　　　　)

정답지 대로 자르세요

9~18 직육면체의 부피를 구하시오.

9

3 cm
5 cm   4 cm

(   )

14

4 cm
4 cm   4 cm

(   )

10

10 cm
6 cm   5 cm

(   )

15

6 cm
6 cm   6 cm

(   )

11

8 cm
7 cm   6 cm

(   )

16

12 cm
12 cm   12 cm

(   )

12

9 cm
8 cm   9 cm

(   )

17

16 cm
16 cm   16 cm

(   )

13

13 cm
10 cm   7 cm

(   )

18

19 cm
19 cm   19 cm

(   )

19~23 전개도를 접었을 때 만들어지는 직육면체의 겉넓이를 구하시오.

19

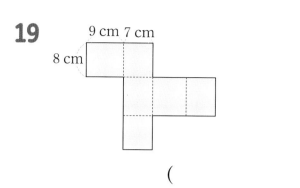

9 cm 7 cm
8 cm

(   )

20

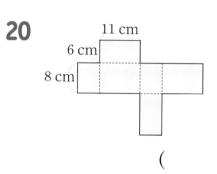

11 cm
6 cm
8 cm

(   )

21

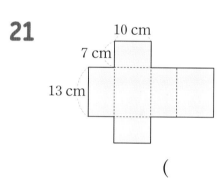

10 cm
7 cm
13 cm

(   )

22

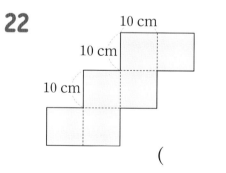

10 cm
10 cm
10 cm

(   )

23

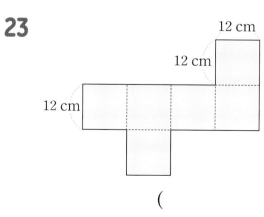

12 cm
12 cm
12 cm

(   )

24~28 전개도를 접었을 때 만들어지는 직육면체의 부피를 구하시오.

24

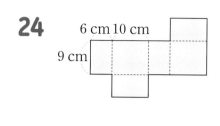

6 cm 10 cm
9 cm

(   )

25

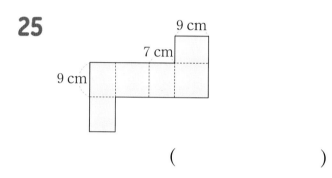

9 cm
7 cm
9 cm

(   )

26

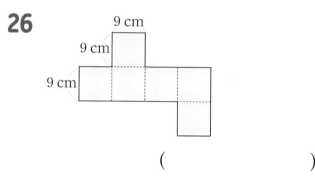

9 cm
9 cm
9 cm

(   )

27

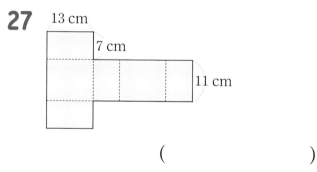

13 cm
7 cm
11 cm

(   )

28

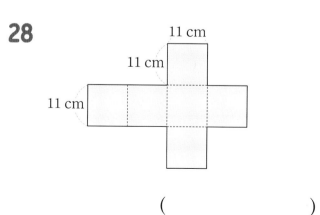

11 cm
11 cm
11 cm

(   )

29 한 모서리가 12 cm인 정육면체 모양의 상자의 겉넓이는 몇 cm²입니까?

식 _____

답 _____

30 가로가 12 cm, 세로가 15 cm, 높이가 9 cm인 직육면체 모양의 선물 상자의 부피는 몇 cm³입니까?

식 _____

답 _____

31 오른쪽 그림과 같이 가로가 2.3 m, 세로가 12 m, 높이가 2.55 m 인 직육면체 모양의 컨테이너의 부피는 몇 m³입니까?

식 _____

답 _____

맞힌 개수	29개 이상	연산왕! 참 잘했어요!
	22~28개	틀린 문제를 점검해요!
개/31개	21개 이하	차근차근 다시 풀어요!

Check! 채점하여 자신의 실력을 확인해 보세요!

엄마의 확인 **Note** 칭찬할 점과 주의할 점을 써주세요!

정답확인

칭찬

주의

쏙셈 11권 **50일** - 4

교과서 분수의 나눗셈

❶ 1보다 작은 (자연수)÷(자연수)의 몫을 분수로 나타내기 (1)

1주 1일차

1 $\frac{1}{5}$　　2 $\frac{1}{9}$　　3 $\frac{1}{6}$

4 $\frac{3}{5}$　　5 $\frac{2}{9}$　　6 $\frac{5}{6}$

7 $\frac{1}{8}$　　8 $\frac{4}{5}$　　9 $\frac{7}{11}$

10 $\frac{2}{14}(=\frac{1}{7})$　　11 $\frac{5}{7}$　　12 $\frac{1}{10}$

13 $\frac{2}{4}(=\frac{1}{2})$　　14 $\frac{3}{15}(=\frac{1}{5})$　　15 $\frac{1}{21}$

16 $\frac{8}{9}$　　17 $\frac{5}{20}(=\frac{1}{4})$　　18 $\frac{1}{7}$

19 $\frac{6}{19}$　　20 $\frac{9}{12}(=\frac{3}{4})$　　21 $\frac{1}{12}$

22 $\frac{3}{8}$　　23 $\frac{6}{23}$　　24 $\frac{4}{16}(=\frac{1}{4})$

25 $\frac{10}{25}(=\frac{2}{5})$　　26 $\frac{2}{7}$　　27 $\frac{5}{19}$

28 $\frac{7}{9}$　　29 $\frac{8}{24}(=\frac{1}{3})$　　30 $\frac{9}{15}(=\frac{3}{5})$

마무리 연산 퍼즐

❷ 1보다 작은 (자연수)÷(자연수)의 몫을 분수로 나타내기 (2)

1주 2일차

1 $\frac{1}{3}$　　2 $\frac{1}{8}$　　3 $\frac{1}{2}$

4 $\frac{2}{7}$　　5 $\frac{3}{4}$　　6 $\frac{4}{5}$

7 $\frac{1}{11}$　　8 $\frac{5}{12}$　　9 $\frac{3}{6}(=\frac{1}{2})$

10 $\frac{12}{13}$　　11 $\frac{7}{26}$　　12 $\frac{5}{35}(=\frac{1}{7})$

13 $\frac{1}{20}$　　14 $\frac{5}{9}$　　15 $\frac{8}{13}$

16 $\frac{2}{10}(=\frac{1}{5})$　　17 $\frac{1}{25}$　　18 $\frac{4}{14}(=\frac{2}{7})$

19 $\frac{6}{16}(=\frac{3}{8})$　　20 $\frac{17}{18}$　　21 $\frac{3}{16}$

22 $\frac{9}{13}$　　23 $\frac{1}{22}$　　24 $\frac{12}{15}(=\frac{4}{5})$

25 $\frac{8}{32}(=\frac{1}{4})$　　26 $\frac{6}{7}$　　27 $\frac{2}{8}(=\frac{1}{4})$

28 $\frac{10}{21}$　　29 $\frac{11}{17}$　　30 $\frac{18}{27}(=\frac{2}{3})$

❸ 1보다 큰 (자연수)÷(자연수)의 몫을 분수로 나타내기 (1)

1주 3일차

1 $\frac{5}{3}$　　2 $\frac{8}{5}$　　3 $\frac{7}{6}$

4 $\frac{4}{3}$　　5 $\frac{9}{2}$　　6 $\frac{11}{4}$

7 $\frac{13}{3}(=4\frac{1}{3})$　　8 $\frac{9}{5}(=1\frac{4}{5})$

9 $\frac{13}{9}(=1\frac{4}{9})$　　10 $\frac{7}{4}(=1\frac{3}{4})$

11 $\frac{26}{7}(=3\frac{5}{7})$　　12 $\frac{17}{6}(=2\frac{5}{6})$

13 $\frac{11}{8}(=1\frac{3}{8})$　　14 $\frac{21}{4}(=5\frac{1}{4})$

15 $\frac{15}{2}(=7\frac{1}{2})$　　16 $\frac{18}{7}(=2\frac{4}{7})$

17 $\frac{23}{8}(=2\frac{7}{8})$　　18 $\frac{14}{5}(=2\frac{4}{5})$

19 $\frac{16}{11}(=1\frac{5}{11})$　　20 $\frac{31}{9}(=3\frac{4}{9})$

21 $\frac{11}{2}(=5\frac{1}{2})$　　22 $\frac{20}{3}(=6\frac{2}{3})$

23 $\frac{13}{4}(=3\frac{1}{4})$　　24 $\frac{27}{8}(=3\frac{3}{8})$

25 $\frac{12}{5}(=2\frac{2}{5})$　　26 $\frac{8}{3}(=2\frac{2}{3})$

27 $\frac{19}{6}(=3\frac{1}{6})$　　28 $\frac{30}{7}(=4\frac{2}{7})$

29 $\frac{18}{11}(=1\frac{7}{11})$　　30 $\frac{28}{9}(=3\frac{1}{9})$

마무리 연산 퍼즐 (왼쪽에서부터) $\frac{16}{5}(=3\frac{1}{5})$, $\frac{52}{9}(=5\frac{7}{9})$, $\frac{24}{13}(=1\frac{11}{13})$, $\frac{42}{11}(=3\frac{9}{11})$

1. $\dfrac{10}{9}(=1\dfrac{1}{9})$
2. $\dfrac{7}{4}(=1\dfrac{3}{4})$
3. $\dfrac{5}{2}(=2\dfrac{1}{2})$
4. $\dfrac{6}{5}(=1\dfrac{1}{5})$
5. $\dfrac{8}{3}(=2\dfrac{2}{3})$
6. $\dfrac{11}{8}(=1\dfrac{3}{8})$
7. $\dfrac{16}{3}(=5\dfrac{1}{3})$
8. $\dfrac{19}{8}(=2\dfrac{3}{8})$
9. $\dfrac{22}{9}(=2\dfrac{4}{9})$
10. $\dfrac{33}{2}(=16\dfrac{1}{2})$
11. $\dfrac{28}{5}(=5\dfrac{3}{5})$
12. $\dfrac{7}{6}(=1\dfrac{1}{6})$
13. $\dfrac{10}{3}(=3\dfrac{1}{3})$
14. $\dfrac{25}{4}(=6\dfrac{1}{4})$
15. $\dfrac{15}{7}(=2\dfrac{1}{7})$
16. $\dfrac{37}{10}(=3\dfrac{7}{10})$
17. $\dfrac{21}{8}(=2\dfrac{5}{8})$
18. $\dfrac{19}{6}(=3\dfrac{1}{6})$
19. $\dfrac{31}{12}(=2\dfrac{7}{12})$
20. $\dfrac{24}{7}(=3\dfrac{3}{7})$
21. $\dfrac{14}{5}(=2\dfrac{4}{5})$
22. $\dfrac{35}{8}(=4\dfrac{3}{8})$
23. $\dfrac{17}{4}(=4\dfrac{1}{4})$
24. $\dfrac{27}{2}(=13\dfrac{1}{2})$
25. $\dfrac{9}{7}(=1\dfrac{2}{7})$
26. $\dfrac{20}{7}(=2\dfrac{6}{7})$
27. $\dfrac{15}{14}(=1\dfrac{1}{14})$
28. $\dfrac{29}{6}(=4\dfrac{5}{6})$
29. $\dfrac{13}{3}(=4\dfrac{1}{3})$
30. $\dfrac{34}{11}(=3\dfrac{1}{11})$

1. 4, 2
2. 6, 1
3. 14, 2
4. 12, 3
5. 35, 35, 7
6. 18, 18, 2
7. 10, 10, 5
8. 33, 33, 11
9. $\dfrac{3}{48}(=\dfrac{1}{16})$
10. $\dfrac{10}{65}(=\dfrac{2}{13})$
11. $\dfrac{27}{261}(=\dfrac{3}{29})$
12. $\dfrac{4}{36}(=\dfrac{1}{9})$
13. $\dfrac{18}{114}(=\dfrac{3}{19})$
14. $\dfrac{16}{168}(=\dfrac{2}{21})$
15. $\dfrac{14}{30}(=\dfrac{7}{15})$
16. $\dfrac{3}{14}$
17. $\dfrac{15}{112}$
18. $\dfrac{2}{25}$
19. $\dfrac{9}{98}$
20. $\dfrac{5}{48}$
21. $\dfrac{1}{36}$

22. $\dfrac{7}{72}$
23. $\dfrac{5}{30}(=\dfrac{1}{6})$
24. $\dfrac{8}{52}(=\dfrac{2}{13})$
25. $\dfrac{7}{54}$
26. $\dfrac{3}{8}$
27. (위에서부터) $\dfrac{30}{320}(=\dfrac{3}{32})$, $\dfrac{30}{192}(=\dfrac{5}{32})$
28. (위에서부터) $\dfrac{2}{15}$, $\dfrac{2}{6}(=\dfrac{1}{3})$
29. (위에서부터) $\dfrac{12}{102}(=\dfrac{2}{17})$, $\dfrac{12}{119}$
30. (위에서부터) $\dfrac{5}{72}$, $\dfrac{5}{64}$

마무리 연산 퍼즐 도서관

1. $\dfrac{1}{12}$
2. $\dfrac{1}{16}$
3. $\dfrac{1}{24}$
4. $\dfrac{1}{10}$
5. $\dfrac{3}{35}$
6. $\dfrac{1}{24}$
7. $\dfrac{1}{11}$
8. $\dfrac{3}{13}$
9. $\dfrac{5}{18}$
10. $\dfrac{5}{147}$
11. $\dfrac{1}{20}$
12. $\dfrac{3}{64}$
13. $\dfrac{1}{16}$
14. $\dfrac{5}{42}$
15. $\dfrac{2}{25}$
16. $\dfrac{1}{14}$
17. $\dfrac{1}{40}$
18. $\dfrac{1}{18}$
19. $\dfrac{1}{36}$
20. $\dfrac{3}{32}$
21. $\dfrac{1}{6}$
22. $\dfrac{1}{9}$
23. $\dfrac{1}{16}$
24. $\dfrac{1}{14}$
25. $\dfrac{2}{11}$
26. $\dfrac{5}{27}$
27. $\dfrac{1}{36}$
28. $\dfrac{1}{30}$
29. $\dfrac{1}{32}$
30. $\dfrac{1}{26}$
31. $\dfrac{1}{56}$
32. $\dfrac{1}{48}$
33. $\dfrac{5}{36}$
34. $\dfrac{1}{44}$
35. $\dfrac{2}{25}$
36. $\dfrac{13}{112}$
37. $\dfrac{1}{4}$
38. $\dfrac{1}{60}$
39. $\dfrac{2}{21}$
40. $\dfrac{2}{17}$
41. $\dfrac{7}{88}$
42. $\dfrac{4}{45}$
43. $\dfrac{11}{96}$
44. $\dfrac{4}{21}$
45. $\dfrac{7}{54}$
46. $\dfrac{1}{48}$

마무리 연산 퍼즐 재호

❼ (진분수)÷(자연수) (2)　2주 2일차

1. $\dfrac{1}{9}$
2. $\dfrac{1}{45}$
3. $\dfrac{1}{8}$
4. $\dfrac{1}{12}$
5. $\dfrac{2}{55}$
6. $\dfrac{3}{28}$
7. $\dfrac{2}{45}$
8. $\dfrac{1}{12}$
9. $\dfrac{7}{30}$
10. $\dfrac{1}{24}$
11. $\dfrac{2}{51}$
12. $\dfrac{1}{24}$
13. $\dfrac{3}{175}$
14. $\dfrac{1}{21}$
15. $\dfrac{3}{16}$
16. $\dfrac{1}{12}$
17. $\dfrac{1}{40}$
18. $\dfrac{1}{56}$
19. $\dfrac{1}{30}$
20. $\dfrac{1}{16}$
21. $\dfrac{2}{35}$
22. $\dfrac{1}{12}$
23. $\dfrac{1}{36}$
24. $\dfrac{13}{30}$
25. $\dfrac{2}{39}$
26. $\dfrac{1}{24}$
27. $\dfrac{1}{14}$
28. $\dfrac{2}{13}$
29. $\dfrac{3}{161}$
30. $\dfrac{9}{70}$
31. $\dfrac{13}{64}$
32. $\dfrac{3}{104}$
33. $\dfrac{1}{28}$
34. $\dfrac{1}{30}$
35. $\dfrac{3}{85}$
36. $\dfrac{3}{22}$
37. $\dfrac{1}{24}$
38. $\dfrac{1}{48}$
39. $\dfrac{5}{12}$
40. $\dfrac{1}{9}$
41. $\dfrac{1}{15}$
42. $\dfrac{3}{22}$
43. $\dfrac{2}{93}$
44. $\dfrac{2}{51}$
45. $\dfrac{7}{48}$
46. $\dfrac{1}{28}$

마무리 연산 퍼즐　최유빈

❽ (진분수)÷(자연수) (3)　2주 3일차

1. $\dfrac{1}{6}$
2. $\dfrac{1}{20}$
3. $\dfrac{2}{15}$
4. $\dfrac{5}{18}$
5. $\dfrac{2}{11}$
6. $\dfrac{2}{15}$
7. $\dfrac{4}{35}$
8. $\dfrac{1}{16}$
9. $\dfrac{1}{22}$
10. $\dfrac{1}{96}$
11. $\dfrac{3}{32}$
12. $\dfrac{4}{39}$
13. $\dfrac{5}{18}$
14. $\dfrac{3}{28}$
15. $\dfrac{1}{6}$
16. $\dfrac{1}{14}$
17. $\dfrac{2}{45}$
18. $\dfrac{2}{27}$
19. $\dfrac{4}{15}$
20. $\dfrac{1}{12}$
21. $\dfrac{2}{21}$
22. $\dfrac{7}{45}$
23. $\dfrac{3}{10}$
24. $\dfrac{2}{39}$
25. $\dfrac{1}{54}$
26. $\dfrac{1}{18}$
27. $\dfrac{1}{28}$
28. $\dfrac{1}{16}$
29. $\dfrac{2}{33}$
30. $\dfrac{3}{13}$
31. $\dfrac{5}{51}$
32. $\dfrac{2}{75}$
33. $\dfrac{1}{8}$
34. $\dfrac{5}{12}$
35. $\dfrac{1}{27}$
36. $\dfrac{1}{24}$
37. $\dfrac{1}{26}$
38. $\dfrac{4}{69}$
39. $\dfrac{21}{220}$
40. $\dfrac{1}{12}$
41. $\dfrac{5}{48}$
42. $\dfrac{6}{25}$
43. $\dfrac{4}{63}$
44. $\dfrac{1}{27}$, $\dfrac{3}{35}$
45. $\dfrac{1}{17}$, $\dfrac{1}{66}$
46. $\dfrac{1}{30}$, $\dfrac{3}{65}$
47. $\dfrac{3}{68}$, $\dfrac{1}{120}$

마무리 연산 퍼즐　6283

❾ (가분수)÷(자연수) (1)　2주 4일차

1. $\dfrac{1}{6}$
2. $\dfrac{3}{4}$
3. $\dfrac{2}{5}$
4. $\dfrac{7}{18}$
5. $\dfrac{3}{14}$
6. $\dfrac{1}{8}$
7. $\dfrac{2}{9}$
8. $\dfrac{19}{36}$
9. $\dfrac{1}{16}$
10. $\dfrac{5}{66}$
11. $\dfrac{4}{75}$
12. $\dfrac{4}{33}$
13. $\dfrac{5}{6}$
14. $\dfrac{1}{28}$
15. $\dfrac{5}{54}$
16. $\dfrac{4}{7}$
17. $\dfrac{7}{15}$
18. $\dfrac{5}{24}$
19. $\dfrac{9}{56}$
20. $\dfrac{1}{9}$
21. $\dfrac{1}{12}$
22. $\dfrac{6}{49}$
23. $\dfrac{7}{96}$
24. $\dfrac{1}{8}$
25. $\dfrac{21}{80}$
26. $\dfrac{23}{36}$
27. $\dfrac{3}{16}$
28. $\dfrac{2}{51}$
29. $\dfrac{1}{22}$
30. $\dfrac{19}{72}$
31. $\dfrac{11}{36}$
32. $\dfrac{2}{7}$
33. $\dfrac{5}{26}$

34 $\dfrac{3}{10}$ 35 $\dfrac{3}{16}$ 36 $\dfrac{2}{9}$

37 $\dfrac{5}{8}$ 38 $\dfrac{2}{5}$ 39 $\dfrac{11}{72}$

40 $\dfrac{3}{35}$ 41 $\dfrac{13}{20}$ 42 $\dfrac{1}{9}$, $\dfrac{1}{18}$

43 $\dfrac{5}{12}$, $\dfrac{5}{24}$, $\dfrac{5}{84}$ 44 $\dfrac{17}{45}$, $\dfrac{17}{60}$, $\dfrac{17}{75}$

45 $\dfrac{2}{3}$, $\dfrac{1}{3}$, $\dfrac{1}{9}$ 46 $\dfrac{3}{8}$, $\dfrac{7}{32}$, $\dfrac{3}{32}$

마무리 연산 퍼즐 겸인지용

---

42 (위에서부터) $\dfrac{3}{13}$, $\dfrac{3}{26}$

43 (위에서부터) $\dfrac{2}{15}$, $\dfrac{11}{150}$

44 (위에서부터) $\dfrac{5}{24}$, $\dfrac{5}{16}$

마무리 연산 퍼즐 (왼쪽에서부터) $\dfrac{1}{36}$, $\dfrac{2}{9}$, $\dfrac{3}{7}$, $\dfrac{2}{33}$

---

⑩ (가분수)÷(자연수) (2) 2주 5일차

1 $\dfrac{7}{12}$ 2 $\dfrac{3}{5}$ 3 $\dfrac{1}{2}$

4 $\dfrac{11}{54}$ 5 $\dfrac{1}{8}$ 6 $\dfrac{3}{20}$

7 $\dfrac{2}{7}$ 8 $\dfrac{1}{6}$ 9 $\dfrac{2}{15}$

10 $\dfrac{3}{7}$ 11 $\dfrac{5}{22}$ 12 $\dfrac{4}{39}$

13 $\dfrac{3}{10}$ 14 $\dfrac{4}{21}$ 15 $\dfrac{2}{9}$

16 $\dfrac{5}{12}$ 17 $\dfrac{7}{32}$ 18 $\dfrac{2}{9}$

19 $\dfrac{3}{32}$ 20 $\dfrac{1}{10}$ 21 $\dfrac{13}{48}$

22 $\dfrac{1}{14}$ 23 $\dfrac{2}{33}$ 24 $\dfrac{2}{5}$

25 $\dfrac{1}{6}$ 26 $\dfrac{15}{28}$ 27 $\dfrac{4}{27}$

28 $\dfrac{3}{56}$ 29 $\dfrac{7}{80}$ 30 $\dfrac{23}{54}$

31 $\dfrac{4}{45}$ 32 $\dfrac{2}{9}$ 33 $\dfrac{1}{20}$

34 $\dfrac{4}{15}$ 35 $\dfrac{17}{54}$ 36 $\dfrac{1}{26}$

37 $\dfrac{2}{15}$ 38 $\dfrac{9}{20}$ 39 $\dfrac{11}{18}$

40 $\dfrac{5}{28}$

41 (위에서부터) $\dfrac{3}{22}$, $\dfrac{3}{44}$

---

⑪ (가분수)÷(자연수) (3) 3주 1일차

1 $\dfrac{8}{21}$ 2 $\dfrac{5}{12}$ 3 $\dfrac{13}{20}$

4 $\dfrac{1}{14}$ 5 $\dfrac{5}{16}$ 6 $\dfrac{2}{3}$

7 $\dfrac{3}{5}$ 8 $\dfrac{13}{54}$ 9 $\dfrac{4}{7}$

10 $\dfrac{17}{48}$ 11 $\dfrac{2}{27}$ 12 $\dfrac{2}{15}$

13 $\dfrac{1}{6}$ 14 $\dfrac{2}{7}$ 15 $\dfrac{21}{32}$

16 $\dfrac{1}{18}$ 17 $\dfrac{3}{14}$ 18 $\dfrac{7}{30}$

19 $\dfrac{4}{15}$ 20 $\dfrac{2}{5}$ 21 $\dfrac{2}{21}$

22 $\dfrac{14}{45}$ 23 $\dfrac{7}{30}$ 24 $\dfrac{5}{24}$

25 $\dfrac{2}{3}$ 26 $\dfrac{4}{5}$ 27 $\dfrac{15}{64}$

28 $\dfrac{3}{7}$ 29 $\dfrac{3}{26}$ 30 $\dfrac{11}{12}$

31 $\dfrac{9}{20}$ 32 $\dfrac{5}{34}$ 33 $\dfrac{11}{21}$

34 $\dfrac{5}{9}$ 35 $\dfrac{9}{32}$ 36 $\dfrac{7}{24}$

37 $\dfrac{4}{75}$ 38 $\dfrac{9}{22}$ 39 $\dfrac{17}{10}\left(=1\dfrac{7}{10}\right)$

40 $\dfrac{7}{26}$ 41 $\dfrac{7}{72}$ 42 $\dfrac{11}{27}$

43 $\dfrac{3}{8}$ 44 $\dfrac{4}{3}\left(=1\dfrac{1}{3}\right)$ 45 $\dfrac{1}{12}$, $\dfrac{1}{2}$

46 $\dfrac{9}{10}$, $\dfrac{17}{48}$ 47 $\dfrac{9}{16}$, $\dfrac{6}{65}$ 48 $\dfrac{5}{22}$, $\dfrac{6}{7}$

⑫ (대분수)÷(자연수) (1)

1. $\dfrac{11}{18}$　　2. $\dfrac{3}{8}$　　3. $\dfrac{4}{5}$

4. $\dfrac{2}{7}$　　5. $\dfrac{2}{9}$　　6. $\dfrac{17}{48}$

7. $\dfrac{5}{21}$　　8. $\dfrac{19}{96}$　　9. $\dfrac{17}{30}$

10. $\dfrac{8}{25}$　　11. $\dfrac{29}{98}$　　12. $\dfrac{5}{22}$

13. $\dfrac{2}{9}$　　14. $\dfrac{27}{20}\left(=1\dfrac{7}{20}\right)$　　15. $\dfrac{11}{24}$

16. $\dfrac{31}{36}$　　17. $\dfrac{6}{7}$　　18. $\dfrac{11}{18}$

19. $\dfrac{4}{9}$　　20. $\dfrac{3}{8}$　　21. $\dfrac{17}{40}$

22. $\dfrac{11}{6}\left(=1\dfrac{5}{6}\right)$　　23. $\dfrac{7}{18}$　　24. $\dfrac{3}{10}$

25. $\dfrac{5}{36}$　　26. $\dfrac{7}{26}$　　27. $\dfrac{5}{16}$

28. $\dfrac{11}{28}$　　29. $\dfrac{5}{24}$　　30. $\dfrac{5}{4}\left(=1\dfrac{1}{4}\right)$

31. $\dfrac{29}{80}$　　32. $\dfrac{7}{22}$　　33. $\dfrac{4}{45}$

34. $\dfrac{23}{100}$　　35. $\dfrac{38}{63}$　　36. $\dfrac{7}{18}$

37. $\dfrac{5}{28}$　　38. $\dfrac{2}{9}$　　39. $\dfrac{23}{54}$

40. $\dfrac{2}{5}$　　41. $\dfrac{3}{4}$　　42. $\dfrac{5}{24}$

43. $\dfrac{7}{8}$　　44. $\dfrac{1}{30}$　　45. $\dfrac{19}{28}$

46. $\dfrac{5}{39}$

마무리 연산 퍼즐 ③

---

10. $\dfrac{3}{7}$　　11. $\dfrac{5}{8}$　　12. $\dfrac{1}{18}$

13. $\dfrac{23}{30}$　　14. $\dfrac{2}{21}$　　15. $\dfrac{3}{32}$

16. $\dfrac{3}{2}\left(=1\dfrac{1}{2}\right)$　　17. $\dfrac{13}{42}$　　18. $\dfrac{9}{4}\left(=2\dfrac{1}{4}\right)$

19. $\dfrac{2}{5}$　　20. $\dfrac{19}{48}$　　21. $\dfrac{4}{11}$

22. $\dfrac{2}{27}$　　23. $\dfrac{4}{9}$　　24. $\dfrac{13}{16}$

25. $\dfrac{7}{10}$　　26. $\dfrac{2}{13}$　　27. $\dfrac{2}{15}$

28. $\dfrac{11}{14}$　　29. $\dfrac{5}{36}$　　30. $\dfrac{5}{7}$

31. $\dfrac{19}{45}$　　32. $\dfrac{29}{14}\left(=2\dfrac{1}{14}\right)$　　33. $\dfrac{19}{30}$

34. $\dfrac{7}{9}$　　35. $\dfrac{3}{10}$　　36. $\dfrac{5}{66}$

37. $\dfrac{3}{8}$　　38. $\dfrac{6}{7}$　　39. $\dfrac{6}{5}\left(=1\dfrac{1}{5}\right)$

40. $\dfrac{5}{9}$　　41. $\dfrac{7}{10}$　　42. $\dfrac{2}{15}$

43. $\dfrac{5}{28}$　　44. $\dfrac{2}{21}$　　45. $\dfrac{13}{16}$

46. $\dfrac{7}{36}$

마무리 연산 퍼즐 민종신

---

⑬ (대분수)÷(자연수) (2)

1. $\dfrac{3}{5}$　　2. $\dfrac{6}{7}$　　3. $\dfrac{29}{30}$

4. $\dfrac{4}{9}$　　5. $\dfrac{3}{16}$　　6. $\dfrac{5}{24}$

7. $\dfrac{9}{20}$　　8. $\dfrac{29}{72}$　　9. $\dfrac{3}{22}$

---

⑭ (대분수)÷(자연수) (3)

1. $\dfrac{1}{5}$　　2. $\dfrac{7}{48}$　　3. $\dfrac{4}{15}$

4. $\dfrac{9}{8}\left(=1\dfrac{1}{8}\right)$　　5. $\dfrac{1}{2}$　　6. $\dfrac{5}{9}$

7. $\dfrac{2}{3}$　　8. $\dfrac{10}{11}$　　9. $\dfrac{3}{4}$

10. $\dfrac{7}{5}\left(=1\dfrac{2}{5}\right)$　　11. $\dfrac{3}{10}$　　12. $\dfrac{8}{45}$

13. $\dfrac{6}{7}$　　14. $\dfrac{1}{8}$　　15. $\dfrac{2}{3}$

16. $\dfrac{1}{14}$　　17. $\dfrac{22}{27}$　　18. $\dfrac{21}{50}$

19. $\dfrac{11}{20}$　　20. $\dfrac{5}{8}$　　21. $\dfrac{19}{30}$

22. $\dfrac{9}{10}$　　23. $\dfrac{4}{7}$　　24. $\dfrac{4}{27}$

$25\ \dfrac{7}{6}(=1\dfrac{1}{6})$ $26\ \dfrac{28}{33}$ $27\ \dfrac{7}{9}$

$28\ \dfrac{5}{12}$ $29\ \dfrac{3}{10}$ $30\ \dfrac{11}{12}$

$31\ \dfrac{8}{3}(=2\dfrac{2}{3})$ $32\ \dfrac{9}{14}$ $33\ \dfrac{9}{5}(=1\dfrac{4}{5})$

$34\ \dfrac{25}{6}(=4\dfrac{1}{6})$ $35\ \dfrac{1}{4}$ $36\ \dfrac{7}{8}$

$37\ \dfrac{4}{15}$ $38\ \dfrac{11}{21}$ $39\ \dfrac{2}{3}$

$40\ \dfrac{15}{32}$ $41\ \dfrac{4}{9}$ $42\ \dfrac{5}{18}$

$43\ \dfrac{5}{7}$ $44\ \dfrac{5}{6}$

$45\ \dfrac{8}{21},\ \dfrac{16}{15}(=1\dfrac{1}{15})$ $46\ \dfrac{3}{14},\ \dfrac{13}{24}$

$47\ \dfrac{19}{7}(=2\dfrac{5}{7}),\ \dfrac{1}{8}$ $48\ \dfrac{13}{50},\ \dfrac{9}{16}$

⑮ 분수와 자연수의 혼합 계산 (1)   **3주** 5일차

$1\ \dfrac{7}{12}$ $2\ \dfrac{3}{4}$ $3\ \dfrac{2}{81}$

$4\ 3$ $5\ \dfrac{13}{2}(=6\dfrac{1}{2})$ $6\ \dfrac{2}{3}$

$7\ 8$ $8\ \dfrac{8}{3}(=2\dfrac{2}{3})$ $9\ \dfrac{1}{35}$

$10\ \dfrac{1}{128}$ $11\ 6$ $12\ \dfrac{11}{6}(=1\dfrac{5}{6})$

$13\ \dfrac{3}{80}$ $14\ \dfrac{8}{3}(=2\dfrac{2}{3})$ $15\ \dfrac{26}{7}(=3\dfrac{5}{7})$

$16\ 1$ $17\ 6$ $18\ 29$

$19\ \dfrac{38}{3}(=12\dfrac{2}{3})$ $20\ \dfrac{1}{6}$ $21\ \dfrac{1}{147}$

$22\ \dfrac{20}{3}(=6\dfrac{2}{3})$ $23\ \dfrac{13}{14}$ $24\ \dfrac{29}{5}(=5\dfrac{4}{5})$

$25\ 3$ $26\ 14$ $27\ \dfrac{2}{45}$

$28\ \dfrac{9}{8}(=1\dfrac{1}{8})$ $29\ \dfrac{5}{8}$ $30\ 10$

$31\ \dfrac{1}{4}$ $32\ 3$ $33\ \dfrac{1}{14}$

$34\ \dfrac{1}{6}$

⑯ 분수와 자연수의 혼합 계산 (2)   **4주** 1일차

$1\ \dfrac{2}{3}$ $2\ \dfrac{3}{4}$ $3\ 2$

$4\ \dfrac{1}{60}$ $5\ \dfrac{1}{72}$ $6\ \dfrac{3}{14}$

$7\ \dfrac{3}{4}$ $8\ \dfrac{2}{75}$ $9\ \dfrac{5}{2}(=2\dfrac{1}{2})$

$10\ \dfrac{40}{13}(=3\dfrac{1}{13})$ $11\ \dfrac{17}{4}(=4\dfrac{1}{4})$ $12\ \dfrac{8}{9}$

$13\ 4$ $14\ \dfrac{3}{4}$ $15\ 6$

$16\ \dfrac{11}{6}(=1\dfrac{5}{6})$ $17\ \dfrac{4}{35}$ $18\ \dfrac{1}{6}$

$19\ \dfrac{1}{19}$ $20\ 1$ $21\ \dfrac{3}{128}$

$22\ \dfrac{16}{3}(=5\dfrac{1}{3})$ $23\ \dfrac{5}{8}$ $24\ \dfrac{75}{8}(=9\dfrac{3}{8})$

$25\ 12$ $26\ \dfrac{9}{8}(=1\dfrac{1}{8})$ $27\ \dfrac{1}{3}$

$28\ \dfrac{3}{20}$ $29\ \dfrac{1}{30}$ $30\ 8$

$31\ \dfrac{10}{3}(=3\dfrac{1}{3})$ $32\ \dfrac{1}{54}$ $33\ \dfrac{1}{2}$

$34\ \dfrac{5}{12}$

1 $\dfrac{3}{5}$ 2 $\dfrac{7}{9}$ 3 $\dfrac{20}{9}\left(=2\dfrac{2}{9}\right)$

4 $\dfrac{2}{7}$ 5 $\dfrac{1}{20}$ 6 $\dfrac{2}{15}$

7 $\dfrac{2}{11}$ 8 $\dfrac{1}{3}$ 9 $\dfrac{4}{35}$

10 $\dfrac{3}{28}$ 11 $\dfrac{1}{64}$ 12 $\dfrac{19}{88}$

13 $\dfrac{3}{50}$ 14 $\dfrac{1}{10}$ 15 $\dfrac{3}{8}$

16 $\dfrac{5}{16}$ 17 $\dfrac{7}{24}$ 18 $\dfrac{1}{18}$

19 $\dfrac{11}{15}$ 20 $\dfrac{7}{24}$ 21 $\dfrac{7}{16}$

22 $\dfrac{5}{4}\left(=1\dfrac{1}{4}\right)$ 23 $\dfrac{5}{9}$ 24 $\dfrac{7}{50}$

25 $\dfrac{2}{9}$ 26 $\dfrac{6}{7}$ 27 $\dfrac{2}{5}$

28 $\dfrac{3}{8}$ 29 $\dfrac{4}{5}$ 30 $\dfrac{5}{9}$

31 $\dfrac{5}{24}$ 32 $\dfrac{1}{11}$ 33 $\dfrac{41}{64}$

34 $\dfrac{17}{24}$ 35 $\dfrac{31}{10}\left(=3\dfrac{1}{10}\right)$ 36 $\dfrac{4}{15}$

37 $\dfrac{8}{15}$ 38 $\dfrac{7}{10}$ 39 $\dfrac{5}{7}$

40 $\dfrac{2}{49}$ 41 $\dfrac{7}{6}\left(=1\dfrac{1}{6}\right)$ 42 $\dfrac{9}{8}\left(=1\dfrac{1}{8}\right)$

43 $\dfrac{17}{42}$ 44 $\dfrac{1}{14}$ 45 $\dfrac{1}{54}$

46 $\dfrac{4}{3}\left(=1\dfrac{1}{3}\right)$ 47 $\dfrac{23}{7}\left(=3\dfrac{2}{7}\right)$ 48 $\dfrac{7}{26}$

49 $\dfrac{3}{20}$

50 $\dfrac{24}{25}\div 3=\dfrac{8}{25}$, $\dfrac{8}{25}$ cm

51 $\dfrac{20}{3}\div 4=\dfrac{5}{3}\left(=1\dfrac{2}{3}\right)$, $\dfrac{5}{3}$ L$\left(=1\dfrac{2}{3}$ L$\right)$

52 $2\dfrac{1}{7}\div 5=\dfrac{3}{7}$, $\dfrac{3}{7}$ kg

교과서 소수의 나눗셈

① 자연수의 나눗셈을 이용하여 (소수)÷(자연수) 알아보기   **4주** 3일차

1 11.2, 1.12   2 34.2, 3.42
3 14.2, 1.42   4 11.3, 1.13
5 21.6, 2.16   6 24.1, 2.41
7 143, 14.3, 1.43   8 116, 11.6, 1.16
9 221, 22.1, 2.21   10 132, 13.2, 1.32
11 112, 11.2, 1.12   12 155, 15.5, 1.55
13 224, 22.4, 2.24   14 111, 11.1, 1.11
15 123, 12.3, 1.23   16 256, 25.6, 2.56
17 232, 23.2, 2.32   18 216, 21.6, 2.16
19 112, 11.2, 1.12   20 124, 12.4, 1.24
21 133, 13.3, 1.33   22 447, 44.7, 4.47
23 122, 12.2, 1.22   24 119, 11.9, 1.19

② 몫이 소수 한 자리 수인 (소수)÷(자연수) (1)   **4주** 4일차

1 1.4   2 2.5   3 5.8
4 4.2   5 1.6   6 2.1
7 1.3   8 1.7   9 2.4
10 3.6   11 2.7   12 4.8
13 5.6   14 2.9   15 12.2
16 3.3   17 1.4   18 5.6
19 8.1   20 2.3   21 3.6
22 11.7   23 5.3   24 7.2
25 2.4   26 9.3   27 1.8
28 6.7   29 3.3   30 11.8
31 1.9   32 2.6   33 2.3
34 6.4   35 2.5   36 4.1
37 7.2

마무리 연산 퍼즐 머핀

❸ 몫이 소수 한 자리 수인 (소수)÷(자연수) (2) 4주 5일차

1 1.4	2 1.9	3 4.5
4 1.7	5 7.6	6 3.1
7 3.6	8 2.7	9 2.3
10 1.2	11 5.9	12 3.8
13 2.7	14 4.7	15 3.8
16 1.4	17 6.1	18 3.7
19 8.4	20 4.3	21 4.2
22 1.6	23 3.3	24 4.1
25 2.8	26 3.2	27 3.3
28 1.9	29 7.4	30 12.3
31 7.8	32 2.6	33 1.2
34 3.9	35 (위에서부터) 2.8, 1.6	

36 (위에서부터) 5.1, 3.4

37 (위에서부터) 9.8, 4.9

38 (위에서부터) 3.6, 1.2

마무리 연산 퍼즐 진숙

❹ 몫이 소수 한 자리 수인 (소수)÷(자연수) (3) 5주 1일차

1 3.2	2 1.8	3 1.3
4 1.6	5 2.7	6 6.9
7 9.1	8 3.7	9 8.3
10 4.4	11 3.8	12 2.4
13 2.4	14 1.9	15 1.5
16 2.9	17 4.7	18 7.2
19 2.3	20 5.4	21 6.8
22 2.3	23 9.4	24 15.7
25 3.1	26 9.5	27 6.6
28 1.7	29 27.4	30 11.4
31 5.3	32 3.5	33 1.7
34 1.3	35 8.7	36 7.6
37 6.8	38 4.3, 3.3	39 6.7, 5.5
40 2.1, 6.3	41 4.6, 11.9	42 13.4, 31.4

마무리 연산 퍼즐 3개

❺ 몫이 소수 두 자리 수인 (소수)÷(자연수) (1) 5주 2일차

1 1.28	2 7.46	3 2.93
4 3.51	5 4.43	6 3.24
7 1.38	8 11.29	9 2.24
10 14.52	11 15.39	12 1.17
13 9.49	14 5.32	15 11.23
16 4.47	17 1.53	18 3.38
19 2.91	20 14.34	21 8.25
22 11.27	23 11.38	24 8.87
25 2.76	26 3.52	27 1.26
28 4.27	29 11.25	30 7.56
31 13.39	32 8.48	33 9.53
34 1.83	35 1.39	36 8.67
37 4.31		

마무리 연산 퍼즐 (왼쪽에서부터) 4.33, 7.42, 8.64, 3.18, 2.71

❻ 몫이 소수 두 자리 수인 (소수)÷(자연수) (2) 5주 3일차

1 1.34	2 13.56	3 1.44
4 35.91	5 3.26	6 11.23
7 1.29	8 12.45	9 7.95
10 6.23	11 1.85	12 7.21
13 2.55	14 14.27	15 4.53
16 12.32	17 5.18	18 14.47
19 2.33	20 1.37	21 7.49
22 16.53	23 12.74	24 4.31
25 5.24	26 18.25	27 13.12
28 7.58	29 11.49	30 12.63
31 5.16	32 1.23	33 14.59
34 11.63	35 2.74	36 4.28

1 3.18	**2** 1.59	**3** 3.26
4 2.24	**5** 4.37	**6** 5.12
7 2.14	**8** 1.52	**9** 6.14
10 3.15	**11** 4.36	**12** 5.53
13 3.57	**14** 5.14	**15** 2.54
16 1.32	**17** 6.88	**18** 3.49
19 2.71	**20** 3.23	**21** 4.17
22 1.83	**23** 6.13	**24** 2.14
25 3.94	**26** 6.12	**27** 1.66
28 3.22	**29** 3.16	**30** 3.11
31 4.37	**32** 2.47	**33** 7.41
34 6.13	**35** 5.47, 6.25	
36 4.32, 2.86	**37** 1.56, 8.13	
38 3.25, 6.43		

마무리 연산 퍼즐 원숭이

1 0.7	**2** 0.53	**3** 0.21
4 0.4	**5** 0.37	**6** 0.85
7 0.9	**8** 0.76	**9** 0.52
10 0.9	**11** 0.3	**12** 0.55
13 0.4	**14** 0.82	**15** 0.43
16 0.64	**17** 0.73	**18** 0.25
19 0.19	**20** 0.58	**21** 0.61
22 0.28	**23** 0.47	**24** 0.2
25 0.83	**26** 0.9	**27** 0.62
28 0.6	**29** 0.24	**30** 0.16
31 0.49	**32** 0.8	**33** 0.3
34 0.12	**35** 0.57	**36** 0.4, 0.2
37 0.93, 0.62, 0.31	**38** 0.22, 0.66, 0.33	
39 0.85, 0.51, 0.17	**40** 0.23, 0.46, 0.92	

마무리 연산 퍼즐 0.62 g

1 0.5	**2** 0.18	**3** 0.78
4 0.9	**5** 0.21	**6** 0.19
7 0.3	**8** 0.59	**9** 0.43
10 0.9	**11** 0.7	**12** 0.6
13 0.29	**14** 0.87	**15** 0.14
16 0.91	**17** 0.56	**18** 0.38
19 0.87	**20** 0.25	**21** 0.43
22 0.7	**23** 0.93	**24** 0.69
25 0.42	**26** 0.8	**27** 0.33
28 0.34	**29** 0.29	**30** 0.28
31 0.29	**32** 0.3	**33** 0.22
34 0.14	**35** 0.8, 0.4	**36** 0.76, 0.87
37 0.31, 0.42	**38** 0.27, 0.4	**39** 0.45, 0.19

마무리 연산 퍼즐 유유상종

1 0.4	**2** 0.3	**3** 0.89
4 0.83	**5** 0.8	**6** 0.5
7 0.55	**8** 0.57	**9** 0.9
10 0.5	**11** 0.67	**12** 0.43
13 0.9	**14** 0.7	**15** 0.33
16 0.96	**17** 0.27	**18** 0.6
19 0.49	**20** 0.13	**21** 0.83
22 0.37	**23** 0.58	**24** 0.71
25 0.4	**26** 0.3	**27** 0.59
28 0.28	**29** 0.85	**30** 0.64
31 0.79	**32** 0.27	**33** 0.29
34 0.73	**35** 0.38	**36** 0.44
37 0.16		

38 (위에서부터) 0.9, 0.3

39 (위에서부터) 0.92, 0.69

40 (위에서부터) 0.36, 0.48

41 (위에서부터) 0.85, 0.51

⑪ 소수점 아래 0을 내려 계산해야 하는 (소수)÷(자연수) (1)

1 2.45	2 3.42	3 1.85
4 2.65	5 9.54	6 3.65
7 3.75	8 1.86	9 7.25
10 1.48	11 9.65	12 2.65
13 7.65	14 3.62	15 1.85
16 2.15	17 8.95	18 3.45
19 2.94	20 3.45	21 7.35
22 3.88	23 1.65	24 2.85
25 7.45	26 3.15	27 8.25
28 1.25	29 3.44	30 4.62
31 2.45	32 1.45	33 2.52
34 9.25	35 1.95	36 4.35
37 1.95		

마무리 연산 퍼즐 5285

⑫ 소수점 아래 0을 내려 계산해야 하는 (소수)÷(자연수) (2)

1 1.15	2 3.65	3 6.28
4 3.65	5 4.25	6 2.75
7 2.15	8 1.82	9 3.45
10 7.75	11 3.85	12 8.45
13 6.35	14 1.65	15 2.95
16 3.35	17 1.75	18 3.48
19 4.35	20 3.16	21 5.65
22 4.35	23 6.15	24 7.95
25 3.45	26 6.75	27 3.15
28 9.75	29 3.35	30 8.44
31 2.25	32 2.82	33 6.85
34 3.45	35 2.45	36 1.45

마무리 연산 퍼즐 김서원

⑬ 소수점 아래 0을 내려 계산해야 하는 (소수)÷(자연수) (3)

1 1.15	2 1.95	3 3.95
4 5.75	5 4.95	6 4.84
7 1.85	8 3.45	9 2.15
10 1.76	11 8.35	12 4.85
13 3.65	14 7.15	15 6.15
16 1.65	17 3.15	18 2.58
19 7.65	20 2.62	21 8.75
22 1.35	23 2.35	24 7.45
25 6.64	26 1.75	27 1.95
28 5.58	29 4.85	30 3.25
31 2.65	32 5.56	33 7.45
34 3.25	35 3.15, 2.15	36 4.64, 3.35
37 7.65, 1.95	38 3.45, 8.34	39 6.25, 2.55

⑭ 몫의 소수 첫째 자리에 0이 있는 (소수)÷(자연수) (1)

1 3.05	2 5.03	3 2.05
4 3.06	5 7.04	6 5.05
7 2.07	8 1.04	9 5.05
10 4.09	11 4.05	12 3.02
13 7.05	14 2.05	15 9.05
16 1.05	17 6.03	18 5.06
19 3.05	20 2.05	21 5.09
22 3.02	23 1.05	24 2.06
25 0.08	26 3.05	27 1.03
28 9.05	29 2.04	30 3.05
31 4.05	32 2.05	33 2.05
34 1.05	35 4.02	36 7.05
37 1.07		

마무리 연산 퍼즐 1 4.05 2 5.06

1 4.07	2 9.06	3 5.05
4 6.04	5 3.06	6 2.05
7 3.08	8 2.01	9 3.05
10 4.08	11 3.07	12 2.05
13 5.05	14 4.02	15 3.06
16 3.05	17 5.04	18 6.05
19 1.08	20 6.05	21 4.05
22 6.05	23 0.09	24 1.08
25 8.05	26 1.05	27 2.05
28 5.06	29 2.04	30 2.06
31 5.06	32 4.05	33 9.05
34 5.05	35 2.06	36 9.05
37 7.09	38 2.04	39 4.05

마무리 연산 퍼즐

출발 ──	$30.1 \div 5$	$4.5 \div 2$	$14.7 \div 7$
$11.7 \div 6$	$12.2 \div 4$ ──	$24.36 \div 6$	$38.8 \div 8$
$40.8 \div 16$	$39.2 \div 8$	$61.2 \div 15$	$10.72 \div 4$
$5.6 \div 7$	$62.25 \div 3$	$45.15 \div 5$	$9.1 \div 7$
$28.6 \div 4$	$4.05 \div 15$	$176.5 \div 25$ ──▶ 도착	

1 6.05	2 6.07	3 3.06
4 7.05	5 3.05	6 7.05
7 4.08	8 9.09	9 1.06
10 4.02	11 3.05	12 4.06
13 2.05	14 6.08	15 3.07
16 7.05	17 9.04	18 5.05
19 2.08	20 4.05	21 3.05
22 4.06	23 0.05	24 2.07
25 8.05	26 5.08	27 3.05
28 2.06	29 3.09	30 7.05
31 2.08	32 4.05	33 2.05
34 2.06	35 5.02, 7.05	36 8.05, 2.06
37 5.08, 8.03	38 6.05, 2.02	39 1.02, 6.05

마무리 연산 퍼즐 나무

1 3.5	2 2.25	3 2.4
4 2.25	5 4.5	6 1.25
7 4.5	8 2.8	9 2.75
10 1.75	11 0.2	12 1.5
13 1.12	14 1.25	15 1.1
16 0.75	17 3.8	18 3.75
19 1.55	20 13.75	21 5.5
22 0.52	23 1.3	24 1.25
25 1.6	26 2.2	27 1.75
28 2.5	29 3.25	30 0.55
31 1.2	32 0.62	33 2.5
34 0.75	35 1.25	36 8.75
37 5.5		

마무리 연산 퍼즐 민아

1 1.4	2 1.65	3 3.6
4 2.56	5 1.5	6 3.75
7 4.5	8 3.25	9 2.2
10 1.25	11 1.75	12 0.5
13 0.85	14 2.5	15 0.75
16 1.44	17 1.7	18 6.25
19 5.25	20 0.8	21 0.4
22 0.8	23 1.375	24 2.5
25 1.24	26 1.125	27 0.5
28 3.24	29 0.12	30 1.5
31 0.125	32 0.6	33 2.25
34 1.15	35 1.125	36 12.25

마무리 연산 퍼즐 ④

⑲ (자연수)÷(자연수) (3)

1 1.6	2 9.5	3 2.75
4 5.5	5 0.25	6 1.16
7 0.25	8 3.5	9 2.75
10 0.5	11 0.4	12 0.25
13 1.64	14 0.15	15 8.75
16 0.6	17 0.95	18 2.8
19 5.75	20 2.4	21 1.5
22 0.2	23 4.25	24 3.75
25 0.64	26 0.6	27 0.25
28 2.375	29 1.75	30 1.625
31 0.75	32 9.8	33 1.92
34 0.5	35 0.75, 0.375	
36 0.875, 3.5, 1.4	37 1.5, 0.5, 0.45	
38 0.8, 0.96, 4.8	39 6.4, 1.6, 0.8	

단원 마무리 연산

1 4.3	2 7.1	3 3.2
4 4.32	5 4.54	6 0.9
7 0.34	8 0.25	9 1.45
10 1.65	11 5.04	12 9.05
13 5.04	14 0.8	15 1.6
16 2.7	17 1.9	18 2.4
19 3.9	20 5.31	21 6.47
22 3.93	23 2.14	24 0.97
25 0.53	26 0.8	27 0.17
28 6.16	29 4.25	30 2.15
31 15.64	32 6.09	33 4.06
34 4.08	35 2.09	36 2.5
37 1.8	38 5.25	39 2.24
40 34.9	41 1.32	42 0.79
43 2.22	44 5.08	45 8.75
46 1.8	47 0.9	48 4.34
49 8.05	50 8.15	51 9.5

52 $6.9 \div 3 = 2.3$, 2.3 kg

53 $16.2 \div 12 = 1.35$, 1.35 L

54 $2 \div 8 = 0.25$, 0.25 kg

교과서 비와 비율

❶ 비 (1)

1 4, 5	2 5, 4	3 4, 5
4 7, 3	5 3, 7	6 7, 3
7 6 : 5	8 3 : 8	9 3 : 4
10 4 : 7	11 5 : 3	12 9 : 4
13 7 : 8	14 5 : 8	

15 4 대 11, 4와 11의 비, 11에 대한 4의 비, 4의 11에 대한 비

16 15 대 8, 15와 8의 비, 8에 대한 15의 비, 15의 8에 대한 비

17 13 대 14, 13과 14의 비, 14에 대한 13의 비, 13의 14에 대한 비

18 5 : 9	19 1 : 16	20 4 : 13
21 8 : 17	22 7 : 15	23 6 : 19

마무리 연산 퍼즐 과자 조각

❷ 비 (2)

1 17, 12	2 12, 17	3 17, 12
4 16, 11	5 16, 11	6 11, 16
7 3 : 5	8 6 : 7	9 5 : 2
10 4 : 9	11 10 : 11	12 16 : 11
13 12 : 29	14 13 : 25	

15 2 대 17, 2와 17의 비, 17에 대한 2의 비, 2의 17에 대한 비

16 12 대 1, 12와 1의 비, 1에 대한 12의 비, 12의 1에 대한 비

17 23 대 4, 23과 4의 비, 4에 대한 23의 비, 23의 4에 대한 비

18 7 : 4	19 5 : 12	20 41 : 5
21 2 : 13	22 37 : 11	23 8 : 29

1 $\dfrac{1}{5}$ **2** $\dfrac{10}{11}$ **3** $\dfrac{22}{25}$

4 $\dfrac{9}{4}$ **5** $\dfrac{30}{31}$ **6** $\dfrac{2}{7}$

7 $\dfrac{4}{16}(=\dfrac{1}{4})$ **8** $\dfrac{11}{40}$ **9** $\dfrac{21}{28}(=\dfrac{3}{4})$

10 0.42 **11** 1.125 **12** 0.92

13 0.51 **14** 0.55 **15** 0.875

16 0.2 **17** 0.6 **18** 3.2

19 0.16 **20** 0.7 **21** 0.225

22 0.1 **23** 0.375 **24** 2.5

25 $\dfrac{3}{8}$ **26** $\dfrac{4}{28}(=\dfrac{1}{7})$ **27** $\dfrac{24}{25}$

28 $\dfrac{47}{50}$ **29** $\dfrac{84}{100}(=\dfrac{21}{25})$

30 0.9 **31** 2.4 **32** 0.375

33 0.8 **34** 0.44

마무리 연산 퍼즐

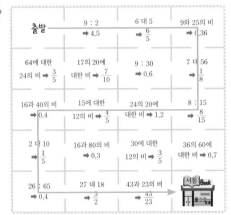

출발 → 9 : 2 → 4.5 → 6 대 5 → $\dfrac{6}{5}$ → 9와 25의 비 → 0.36

64에 대한 24의 비 → $\dfrac{3}{5}$ | 17의 20에 대한 비 → $\dfrac{7}{10}$ | 9 : 30 → 0.6 | 7 대 56 → $\dfrac{1}{8}$

16과 40의 비 → 0.4 | 15에 대한 12의 비 → $\dfrac{4}{5}$ | 24의 20에 대한 비 → 1.2 | 8 : 15 → $\dfrac{8}{15}$

2 대 10 → $\dfrac{1}{5}$ | 16과 80의 비 → 0.3 | 30에 대한 12의 비 → $\dfrac{3}{5}$ | 36의 60에 대한 비 → 0.7

26 : 65 → 0.4 | 27 대 18 → $\dfrac{3}{2}$ | 43과 23의 비 → $\dfrac{43}{23}$ → 서점 Book

1 $\dfrac{1}{7}$ **2** $\dfrac{6}{11}$ **3** $\dfrac{12}{19}$

4 $\dfrac{5}{4}$ **5** $\dfrac{21}{22}$ **6** $\dfrac{2}{9}$

7 $\dfrac{3}{16}$ **8** $\dfrac{6}{30}(=\dfrac{1}{5})$ **9** $\dfrac{15}{27}(=\dfrac{5}{9})$

10 0.52 **11** 0.25 **12** 2.3

13 0.47 **14** 0.525 **15** 0.35

16 0.4 **17** 0.8 **18** 0.5

19 0.08 **20** 0.3 **21** 0.4

22 0.36 **23** 0.75 **24** 3.2

25 $\dfrac{10}{21}$ **26** $\dfrac{8}{13}$ **27** $\dfrac{24}{32}(=\dfrac{3}{4})$

28 $\dfrac{17}{40}$ **29** $\dfrac{45}{50}(=\dfrac{9}{10})$

30 0.6 **31** 3.4 **32** 0.125

33 0.75 **34** 0.76

1 6 % **2** 10 % **3** 53 %

4 204 % **5** 47 % **6** 2 %

7 80 % **8** 39 % **9** 65 %

10 72 % **11** 150 % **12** 17 %

13 30 % **14** 29 % **15** 2 %

16 55 % **17** 7 % **18** 16 %

19 75 % **20** 12 % **21** 68 %

22 35 % **23** 60 % **24** 85 %

25 109 % **26** 95 % **27** 120 %

28 70 % **29** 65 % **30** 74 %

31 84 % **32** 4 % **33** 91 %

34 60 % **35** 530 % **36** 22 %

37 90 % **38** 80 % **39** 175 %

40 50 %

1 $\dfrac{3}{100}$ **2** $\dfrac{40}{100}(=\dfrac{2}{5})$

3 $\dfrac{25}{100}(=\dfrac{1}{4})$ **4** $\dfrac{79}{100}$

5 $\dfrac{55}{100}(=\dfrac{11}{20})$ **6** $\dfrac{24}{100}(=\dfrac{6}{25})$

7 $\dfrac{74}{100}(=\dfrac{37}{50})$ **8** $\dfrac{63}{100}$

9 $\dfrac{35}{100}(=\dfrac{7}{20})$ **10** $\dfrac{88}{100}(=\dfrac{22}{25})$

11 $\dfrac{10}{100}(=\dfrac{1}{10})$ **12** $\dfrac{205}{100}(=\dfrac{41}{20})$

13 0.05 **14** 0.14 **15** 0.92

16 0.08 **17** 0.3 **18** 0.77

19 0.12 **20** 0.31 **21** 0.68

22 0.4 **23** 2.61 **24** 0.36

25 0.1 **26** 0.52 **27** 0.87

28	0.19	29	0.27	30	0.5
31	1.36	32	0.98	33	0.47

34 $\dfrac{6}{100}\left(=\dfrac{3}{50}\right)$ **35** $\dfrac{41}{100}$

36 $\dfrac{89}{100}$ **37** $\dfrac{23}{100}$

38 $\dfrac{62}{100}\left(=\dfrac{31}{50}\right)$ **39** 0.58

40 3.75   **41** 0.15

42 0.7   **43** 0.18

마무리 연산 퍼즐 한호철

단원 마무리 연산
9주 4일차

1	1 : 8	2	15 : 7	3	4 : 33
4	2 : 13	5	20 : 19	6	6 : 29
7	11 : 18	8	43 : 9	9	12 : 5
10	50 : 71	11	14 : 39	12	9 : 5
13	8 : 27	14	40 : 3	15	17 : 16

16 $\dfrac{1}{7}$ **17** 1.6   **18** $\dfrac{9}{11}$

19 0.48   **20** $\dfrac{17}{20}$ **21** 0.15

22 1.75   **23** $\dfrac{4}{7}$ **24** 0.6

25 $\dfrac{10}{13}$ **26** 0.04   **27** $\dfrac{9}{16}$

28 $\dfrac{13}{20}$ **29** 0.5   **30** $\dfrac{8}{29}$

31 0.375   **32** $\dfrac{14}{33}$ **33** 0.72

34	50 %	35	45 %	36	66 %
37	2 %	38	46 %	39	97 %
40	25 %	41	96 %	42	148 %
43	40 %	44	57 %	45	63 %

46 $\dfrac{7}{100}$ **47** $\dfrac{28}{100}\left(=\dfrac{7}{25}\right)$

48 $\dfrac{31}{100}$ **49** 0.09   **50** 0.7

51 0.84   **52** $\dfrac{5}{6}$ **53** $\dfrac{32}{100}\left(=\dfrac{8}{25}\right)$

54 60 %

교과서 직육면체의 겉넓이와 부피

① 직육면체의 겉넓이
9주 5일차

1	3, 22	2	4, 94	3	3, 142
4	3, 42	5	3, 108	6	4, 148
7	64 cm²	8	192 cm²	9	382 cm²
10	220 cm²	11	254 cm²	12	78 cm²
13	158 cm²	14	282 cm²	15	270 cm²
16	408 cm²	17	90 cm²	18	80 cm²
19	240 cm²	20	314 cm²	21	198 cm²
22	214 cm²	23	210 cm²	24	376 cm²

마무리 연산 퍼즐

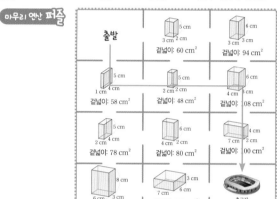

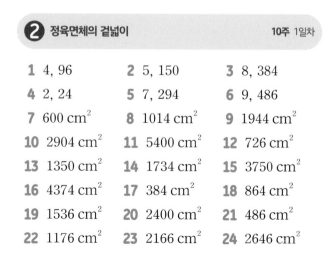

② 정육면체의 겉넓이
10주 1일차

1	4, 96	2	5, 150	3	8, 384
4	2, 24	5	7, 294	6	9, 486
7	600 cm²	8	1014 cm²	9	1944 cm²
10	2904 cm²	11	5400 cm²	12	726 cm²
13	1350 cm²	14	1734 cm²	15	3750 cm²
16	4374 cm²	17	384 cm²	18	864 cm²
19	1536 cm²	20	2400 cm²	21	486 cm²
22	1176 cm²	23	2166 cm²	24	2646 cm²